DAD JOKES

Das geniale Witzebuch
- Die besten Flachwitze,
Scherzfragen und Wortspiele

Till Hammer

Originale Erstauflage

Softcover: 978-3-96967-131-3

Redaktion: Finn Alexander Dubbels
Lektorat: Matthias Kramer
Druck/Auslieferung: WirmachenDruck

Impressum:

Eulogia Verlags GmbH
Nagelsweg 22a
20097 Hamburg
Deutschland

Wir wünschen viel Vergnügen beim Lesen!

DAD JOKES

EULOGIA
VERLAG

INHALTSVERZEICHNIS

Vorwort

Selbst diejenigen, die mit Ärzten und Psychologen nichts am Hut haben, kennen das ultimative Geheimnis zur Gesundheit: Lachen ist die beste Medizin!

Das Leben ist voller Aufs und Abs. Doch egal ob unsere Laune gut oder schlecht ist, selbst ein kleines Schmunzeln kann uns den Tag versüßen.

Wer viel lacht, strahlt eine positive Energie aus und hat es leicht, neue Freunde zu gewinnen.

Aber vor allem die, die andere viel zum Lachen bringen, finden sich immer wieder von Menschen umkreist. Wie ein Doktor, der umsonst Antidepressiva verteilt – nur eben mit einer Lösung, die noch schneller wirkt und keinerlei Nebenwirkungen hat.

Entertainer, Comedians und so einige Schauspieler haben sich dieses Aushändigen von guter Laune zum Lebensziel gemacht.

Nach gründlichem Abwägen ihrer Karrieremöglichkeiten und motiviertem Üben bereisen sie Stadt nach Stadt, um mit anderen zu lachen.

Und obwohl einige von ihnen verdammt gut sind in dem, was sie tun – es gibt eine Gruppe Menschen, die in Sachen „zum Lachen bringen" keiner übertreffen kann.

Sie sind unsere Helden ohne Schwerter, Alles-Reparierer, Grillmeister und Junkfood-Sterneköche. Sie widmen uns ihr gesamtes Leben und machen uns ein bequemes Dasein möglich, sie machen die Frau stark, die für uns stark ist, und sind immer da, wenn wir sie brauchen – unsere Väter!

Und vor allem dann, wenn es darum geht, uns aufzumuntern (selbst wenn wir nicht danach fragen), haben sie immer einen Witz parat.

Klar, auch andere Personen kennen gute Witze.

Aber genau hier unterscheiden sich Väter vom Rest der Menschheit.

Während alle anderen ausgeklügelte Sprüche und kreative Lach-Geschichten verfassen, verschwenden Väter mit langem Grübeln keine Zeit.

Ihr Humor ist vor allem eines: schlecht.

So schlecht, dass es schon wieder gut ist. So schlecht, dass man nur kopfschüttelnd die Augen verdrehen kann. So schlecht, dass man sich das Lachen einfach nicht verkneifen kann.

Genau genommen so „schlecht", dass man ihnen eine ganz eigene Witze-Kategorie gewidmet hat: die Dad Jokes.

Dad Jokes, zu Deutsch „Papa-Witze", sind flach, stumpf und simpel.

Witz kommt in Kopf – Witz wird erzählt.

Kein Darüber-Nachdenken, kein Ausschmücken.

Ein Dad Joke wird von jedem schnell erkannt. Er kommt mit diesem lustigen Gefühl von positiver Genervtheit, das uns allen bestens vertraut ist.

Es ist ein Humor, mit dem wir alle aufgewachsen sind. Ein Humor, den wir verstehen, ob wir wollen oder nicht.

Und genau deswegen sollte dieser Humor auch gefeiert werden!

Als Anerkennung für alle Väter, die mit ihren unverwechselbaren Witzen immer und immer wieder Spaß und Freude in unser Leben bringen, dreht sich dieses Buch voll und ganz um die berühmten „Dad Jokes".

In dieser Witze-Sammlung finden Sie 400 fatal-brillante Witze, die Sie garantiert zum Lächeln bringen werden.

Egal ob sie eine Tochter oder ein Sohn sind, der dem schlechten Humor einfach nicht widerstehen kann, oder ein Vater, der einige neue Sprüche in seine Sammlung aufnehmen möchte, um die Familie zum Lachen zu bringen – dieses Buch wird niemanden enttäuschen.

Das Schöne an den „Dad Jokes“ ist nämlich, dass sie keinem genauen Genre angehören. Sie können kurz oder lang, harmlos oder fies, schwarz oder kinderfreundlich sein und sind somit in der Tat eine Kategorie für jedermann.

Sie sind eine bunte Mischung aus Scherzfragen, frechen Antworten auf Fragen und Kommentaren zu allerlei Situationen, aber auch längeren Witzen, die wahrscheinlich gar nicht so lustig wären, würden sie nicht vom Vater erzählt werden.

Bei einem guten Dad Joke geht es nämlich nicht nur um den Witz selbst, sondern auch um die Kunst der Lieferung.

Väter erzählen ihre Witze mit einer unwiderstehlichen Mischung aus Ausdruckslosigkeit und Stolz im Gesicht – und man kann sie dafür nur lieb haben.

Danke an alle Väter, die die Welt mit ihrem besonderen Humor ein klein wenig besser machen!

Worauf warten Sie also noch? Lachen Sie los!

400 Dad Jokes

Wo sollte man hingehen, wenn einem kalt ist?

IN DIE ECKE, DORT SIND IMMER 90 GRAD.

Kommt Lukas zu seinem Vater: „Wenn du mir 50 Euro gibst, sag ich dir, was der Postbote heute Morgen zu der Mama gesagt hat ..."

Vater: „Okay, hier sind deine 50 Euro. Und jetzt raus mit der Sprache, was hat er gesagt?"

Lukas steckt die 50 Euro in seine Hosentasche: „Er sagte: ‚Guten Morgen, Frau Meier, hier ist ihre Post ...'"

Die Tochter ist mal wieder total frech. Vater: „Hast du zum Frühstück etwa schon wieder Göhrensaft getrunken?"

Sagt der Vater zum Sohn: „Der Storch bringt dir bald ein Geschwisterchen."

Darauf der Sohn: „Mensch, Papa, da draußen laufen so viele geile Weiber rum und du vögelst ausgerechnet den Storch!"

Was ist rund und stinkt?

EIN STUHLKREIS.

Der erwachsene Sohn kommt seine Eltern besuchen.

Er sagt: „Lass uns was trinken, Papa!"

Vater: „Wasser?"

Sohn: „Nein, was Härteres."

Vater: „Eis?"

Wohin fliegt ein schwuler Adler?

ZU SEINEM HORST.

Kommt ein Neutron in eine Disko.

Sagt der Türsteher: „Sie dürfen nicht rein. Heute nur geladene Gäste."

Wie heißt ein veganer Vampir?

GRAF RUCOLA.

Drei Männer treffen sich in der Hölle.

Sie bekommen jedoch die Chance, in den Himmel zu wechseln, wenn sie die Aufgaben des Teufels lösen können.

Der Teufel erklärt: „Seht ihr die drei Affen dort? Nutzt nur eure Worte, um den ersten zum Lachen, den zweiten zum Weinen und den dritten dazu zu bringen, sich in seinen Käfig einzusperren. Wenn ihr das schafft, dürft ihr gehen."

Der erste, ein Disponent, ging zu den Affen und redete auf sie ein, so gut er kann. Alle Affen ignorierten ihn.

„Ab ins Höllenfeuer!", schrie der Teufel.

Der zweite, ein Lagerist, hatte ebenso wenig Glück. Der erste Affe bespuckte, der zweite beschimpfte und der dritte biss ihn.

Nun war der letzte Mann, ein Busfahrer, an der Reihe. Er ging von Affe zu Affe und flüsterte jedem etwas ins Ohr.

Der erste Affe konnte sich vor lauter lachen nicht mehr ein bekommen, der zweite konnte nicht aufhören zu heulen und der dritte sprang erschrocken in seinen Käfig, schloss hinter sich ab und verschluckte den Schlüssel.

Erstaunt fragte der Teufel, wie er das gemacht habe.

Der Busfahrer antwortet gelassen: „Dem ersten Affen habe ich erklärt, was mein Beruf ist. Dem zweiten erzählte ich, wie viel ich verdiene, und dem dritten sagte ich, dass wir noch Fahrer suchen."

Warum sollte man Cola und Bier nie gleichzeitig trinken?

MAN KÖNNTE COLABIEREN.

Der Vater furzt, die Kinder lachen; so kann man billig Freude machen.

Ein Mann meldet sein Kind beim Kinderarzt an.

Sekretärin: „Super, ich habe alle Daten des Kindes notiert. Darf ich noch die Handynummer aufschreiben, damit wir anrufen können, wenn mal etwas sein sollte?"

Mann: „Klar, ich gebe Ihnen dann aber meine Nummer. Das Kind hat noch kein Handy."

Was macht ein Sicherheitsangestellter in einer Nudelfabrik?

ER PASTA AUF.

Was ist das russische Wort für Fernsehverbot?

NJETFLIX.

Ein Bus fährt von der Haltestelle ab.

Ein Mann versucht, hinterherzulaufen, stolpert und fällt. Er steht wieder auf, aber stolpert und fällt erneut. Das Ganze wiederholt sich mehrmals.

Die Fahrgäste im Bus beobachten das Schauspiel und können sich vor Lachen nicht mehr ein bekommen.

Eine Frau steckt den Kopf aus dem Fenster und ruft: „Wenn Sie noch einmal hinfallen, dann pinkeln wir uns hier alle vor lauter Lachen in die Hose!"

Der Mann ruft, ganz aus der Puste, zu ihr herauf: „Ihr werden euch gleich alle in die Hose kacken! Ich bin der Busfahrer!"

Ist mir egal, wer dein Vater ist! Wenn ich Angle, läuft hier keiner übers Wasser!

Wie nennt man eine weibliche Pute?

PUTIN.

Was ist das Beste an der Schweiz?

KEINE AHNUNG, ABER DIE FLAGGE IST EIN GROSSES PLUS.

Wie viele Liegestützen schafft Chuck Norris?

ALLE.

Chef zu seinen Arbeitern: „Alleine würde der Job einen Tag dauern. Aber ihr seid zu zweit, also solltet ihr es in einem halben Tag schaffen."

Antwortet einer der Arbeiter: „Wir nehmen noch zwei andere Arbeiter zur Unterstützung mit, dann brauchen wir gar nicht mehr los."

Was sollte man tun, wenn man keinen Empfang hat?

SPIDERMAN FRAGEN – DER HAT IMMER NETZ.

Treffen sich zwei Unterhosen.

Sagt die eine zur anderen: „Warst du im Urlaub, du bist ja so braun!"

Treffen sich ein schlaffer und ein steifer Penis.

Fragt der Schlaffe den Steifen: „Warum bist du denn so steif?"

Antwortet der Steife: „Ich stehe kurz vor der mündlichen Prüfung."

Das Kind steht im Hausflur, die Fenster sind offen: „Es zieht!"

Vater: „Dreh dich um, dann drück´s!"

Welche Zeitform ist: „Der Bus ist pünktlich gewesen?"

BUSKAMPERFEKT.

Ich habe aus Versehen einen Hipster getreten. Jetzt hopster.

Ein Mann geht zum weißen Haus, betritt das Büro der Wachleute und sagt: „Ich möchte gerne Präsident Trump besuchen".

Der Wachmann antwortet: „Donald Trump ist nicht mehr Präsident der Vereinigten Staaten von Amerika."

Der Mann geht, kommt aber am nächsten Tag erneut und sagt wieder:

„Ich möchte gerne Präsident Trump besuchen."

Der Wachmann antwortet: „Donald Trump ist nicht mehr Präsident der Vereinigten Staaten von Amerika. Das habe ich Ihnen doch schon gestern gesagt."

Der Mann geht, kommt aber am nächsten Tag erneut und sagt: „Ich möchte gerne Präsident Trump besuchen."

Der Wachmann antwortet: „Haben Sie es immer noch nicht verstanden? Donald Trump ist nicht mehr Präsident der Vereinigten Staaten von Amerika!"

Der Mann sagt: „Doch, doch, ich habe es sehr wohl verstanden, aber ich höre es immer wieder gerne. Bis morgen, Sir!"

Wie nennt man einen Spanier ohne Auto?

CARLOS.

Ich habe die ganze Zeit gedacht, dass es der Trockner ist, der meine Klamotten schrumpft. Stellt sich heraus, dass es der Kühlschrank war!

Welche Art von Schuhen tragen Ninjas?

SNEAKER.

Zwei haben Streit. Sagt der eine: „Verpiss dich, du Arschloch!"

Sagt der andere: „Sprich bitte in vernünftigem Deutsch mit mir."

Sagt der erste: „Uriniere dich bitte hinfort, du Gesäßöffnung!"

Warum müssen Frauen nach dem Pinkeln immer pupsen?

SIE KÖNNEN NICHT ABSCHÜTTELN, ALSO MÜSSEN SIE TROCKEN PUSTEN.

Die Eltern finden ein Sado-Maso-Magazin unter dem Bett ihres Sohnes.

Verunsichert fragt die Mutter den Vater: „Was sollen wir denn jetzt tun?"

Der Vater: „Naja, schlagen sollten wir ihn dafür wohl lieber nicht ..."

Der Sohn fragt den Vater, ob er ihm bei den Hausaufgaben helfen kann.

Er soll den Unterschied zwischen dem Staat, einer Partei und der Gewerkschaft aufzeigen.

Der Vater erklärt: „Das ist so wie bei uns in der Familie, mein Kind. Der Staat bin ich, ich bin für alles verantwortlich. Die Partei ist deine Mutter, die bestimmt alles. Und die Gewerkschaft ist die Oma, die redet immer dazwischen."

Aus welchem Land kommen die Schornsteinfeger?

AUS RUSSLAND.

Der Sohn fragt seinen Vater: „Papa, da vorne ist das Mädchen, das ich gerne mag. Wie kann ich sie wohl ansprechen?"

Vater: „Am besten auf Deutsch."

Wenn man Buchstabensuppe wieder auskotzt, ist es dann gebrochenes Deutsch?

Vater: „Sohn, du wirst die Frau heiraten, die ich für dich aussuche!“

Sohn: „Nein.“

Vater: „Es ist Bill Gates Tochter.“

Sohn: „Okay.“

Der Vater ruft bei Bill Gates an.

Vater: „Herr Gates, wie wäre es, wenn mein Sohn Ihre Tochter heiratet?“

Bill Gates: „Nein.“

Vater: „Mein Sohn ist der Vorsitzende der Weltbank!“

Bill Gates: „Okay.“

Der Vater ruft nun bei der Weltbank an.

Vater: „Würden Sie meinen Sohn zum Präsidenten machen?“

Weltbank: „Nein.“

Vater: „Mein Sohn wird bald Bill Gates Tochter heiraten!“

Weltbank: „Okay.“

Politik schnell erklärt ...

Der Nachbar klopft auf der Einfahrt seinen Teppich aus.

Der Vater schreit hinüber: „Was ist denn los, Aladdin? Springt er nicht an?"

Treffen sich zwei Schafe. Sagt das eine zum anderen: „Mäh."

Sagt das andere empört: „Mäh doch selber!"

Egal ob Mann oder Frau, im Fitnessstudio verfolgen alle das gleiche Ziel:

Am Ende in einem geilen Frauenkörper zu stecken.

Abwasser ist ein Problem, das unbedingt geklärt werden muss!

Fragt Klein Fritzchen seinen Vater: „Du, Papi, wie kommt es eigentlich, dass der liebe Gott die Welt in sieben Tagen erschaffen hat?"

Vater: „Tja, mein Sohn, er war eben nicht auf Beamte und Handwerker angewiesen."

Was ergibt eine Kreuzung zwischen einem Regenwurm und einem Igel?

STACHELDRAHT.

Lieber einen dicken Bauch, als gar nichts Hervorragendes.

Paul geht mit seinem Vater einkaufen.

Der Vater legt eine Packung Kondome in den Einkaufswagen.

Paul: „Was ist das für ein Dings-Bums?"

Vater: „Das ist ein Bums-Dings."

Warum steht ein Pils im Wald?

WEIL DIE TANNEN ZAPFEN.

Was ist der Unterschied zwischen Windeln und Politikern?

ES GIBT KEINEN! BEIDES MUSS MAN REGELMÄSSIG WECHSELN ... AUS DEMSELBEN GRUND.

Habe gestern einige Sonnenblumenkerne für die Vögel im Garten ausgestreut. Anstelle von Vögeln hockt da jetzt eine Gruppe russischer Jugendlicher rum.

Ist im Grunde nicht jeder Zoo ein Streichelzoo, wenn man nur mutig genug ist?

Die Studentin ruft ihren Vater an und fragt: „Papa, ich muss meine Miete bezahlten. Wo bleibt mein Geld?"

Der Vater antwortet trocken: „Hier."

Der Gefängniswärter zum neuen Insassen: „Was würde nur ihr Vater sagen, dass Sie schon wieder hier sind?"

Insasse: „Fragen Sie ihn doch selbst, er wohnt seit Jahren in Zelle 375!"

Ein Mann kommt regelmäßig in eine Bar und nimmt immer seinen Affen mit. Der Affe ist dafür bekannt, sich alles Mögliche in den Mund zu stecken.

Einmal verschluckt er aus Versehen eine ganze Kokosnuss.

Einige Wochen später sind sie wieder in der Bar. Nun steckt sich der Affe alles immer zuerst in den Po, dann in den Mund.

„Wieso macht der Affe das denn?", fragt der Wirt den Besitzer.

„Naja, seit er die Kokosnuss verschluckt hat, testet er immer erst, ob das, was er sich in den Mund steckt, unten auch wieder raus passt".

Herr Maier kommt mit seinem Sohn zum Arzt.

Arzt: „Stottert ihr Sohn immer so?"

Herr Maier: „Nein, nur wenn er spricht."

Die Tochter schreibt eine SMS an ihren Vater: „Wann bist du hier?"

Die Antwort des Vaters: „="

Der Sohn fragt den Vater: „Papa, was ist eigentlich Frauenlogik?"

Vater: „GEH SOFORT AUF DEIN ZIMMER!"

Sohn: „Was, aber wieso denn?"

Vater: „Wurstsalat!"

Was macht ein Mathematiker, wenn er Skifahren geht?

ER RECHNET MIT BRÜCHEN.

Ein Junge versteckt sich am Abend im Schrank der Eltern, um zu sehen, wie es beim Sex so zugeht.

Herein kommen die Mutter und ein Priester und treiben es wild.

Plötzlich hören sie, dass der Vater heim kommt.

Schnell versteckt sich der Priester im Schrank, bevor der Vater ins Schlafzimmer kommt und sich mit der Mutter vergnügt.

Der Priester bemerkt den Jungen neben sich im Schrank und erschrickt.

Junge: „Ganz schön dunkel hier drin."

Priester: „Und ganz schön langweilig."

Junge: „Ich habe meinen alten Gameboy dabei. Für 20 Euro können Sie ihn haben." Der Priester nimmt an.

Am nächsten Abend wiederholt sich das Ganze.

Junge: „Ist ziemlich langweilig, oder? Hier, mein alter MP3-Player. Für 20 Euro gebe ich ihn Ihnen." Genervt nimmt der Priester wieder an.

Am nächsten Tag erwischt die Mutter den Sohn dabei, wie er sich im Kleiderschrank versteckt, um sie beim Sex zu beobachten. Wütend schickt sie ihn zur Beichte.

Als der Junge sich in die Beichtkammer setzt, sagt er: „Ist ziemlich dunkel hier."

Antwortet der Priester: „Lass den Scheiß."

Was ist das finnische Wort für Sonnenuntergang?

HELLSINKI.

Ist eine Erektion, die durch Dessous ausgelöst wird, dann eigentlich ein Wäsche-Ständer?

Wie nennt man einen dicken Vegetarier?

BIOTONNE.

Vater: „Sohn, ich habe dein gesamtes Spielzeug ans Kinderheim gespendet!"

Sohn: „Was? Warum hast du das gemacht?"

Vater: „Damit dir es dort nicht zu langweilig wird."

Fragt der Kellner den Gast: „Möchten Sie Zahlen?"

Antwortet der Gast: „Nein, Buchstaben."

Ich habe grade bei einem Brötchen angerufen. Aber es war schon belegt.

Wieso haben die Deutschen den Zweiten Weltkrieg verloren?

ADOLF HATTE KEINEN FÜHRERSCHEIN.

Der kleine Sohn sagt beim Frühstück: „Ich glaube, ich habe meine Intelligenz von der Mama."

„Ja, mein Kind, das glaube ich aber auch", nickt die Mutter stolz und grinst den Vater frech an.

Der Vater kontert: „Da stimme ich völlig zu! Ich habe meine ja noch."

Wie nennt man eine weibliche Schützin?

BALLERINA

Sohn: „Hey, Papa, lass uns ein Ratespiel spielen. Ich nehme Wasser in den Mund, gurgle damit eine Melodie und du musst den Song erraten!"

Er fängt an zu gurgeln, aber verschluckt sich und spuckt das Wasser würgend auf den Boden.

Vater: „Hört sich wie Capital Bra an."

Welches Tier hat die besten Augen?

DAS SEH-PFERDCHEN

Eine etwas in die Jahre gekommene Frau macht sich zum Schlafen-gehen fertig. Als sie nackt am Spiegel vorbeiläuft, lässt sie ihren Blick am Spiegelbild auf und ab wandern. Sie sagt seufzend zu ihrem Mann: „Wenn ich mir das so anschaue, fühle ich mich ganz schön alt. Meine Haut ist schlapp und schrumpelig, mein Hintern ist total dick geworden und meine Brüste hängen beinahe bis zum Boden."

Sie schaut ihren Mann an und sagt leise: „Bitte, sag etwas Nettes und Positives über mich, dann würde ich mich gleich besser fühlen."

Er überlegt einen kurzen Moment und erwidert dann: „Na, wenigstens scheint es, als sei mit deinen Augen noch alles in Ordnung!"

Ich mag nicht alle Sorten an Chips. Ich bin da etwas pringelig.

Sohn: „Papa, ich habe heute Lust, ein richtiges Abenteuer zu erleben!"

Papa: „Dann geh nach mir auf die Toilette, mein Sohn ..."

Ein 80-jähriger Mann möchte mal wieder Sex mit seiner lieben Frau haben. Kurz bevor es dazu kommt, sagt sie: „Warte, nicht ohne Kondom!"

„Aber warum denn, in deinem Alter kannst du doch eh keine Kinder mehr bekommen?", fragt der Mann erstaunt.

Die Frau antwortet: „Aber Salmonellen, bei deinen alten Eiern!"

Warum darf sich die Dame beim Schach so hin und her bewegen, wie sie will?

WEIL DAS SCHACHBRETT AUSSIEHT WIE EIN KÜCHENBODEN.

Zwei Tomaten laufen über die Straße. Eine wird überfahren.

Die andere seufzt: „Passiert."

Warum klauen Russen immer gleich zwei Autos?

WEIL SIE AUF DEM RÜCKWEG NOCH DURCH POLEN MÜSSEN.

Der Richter fragt den kleinen Peter: „Wo möchtest du nach der Scheidung deiner Eltern denn lieber wohnen? Bei der Mama oder bei dem Papa?"

Darauf Peter: „Am liebsten will ich auf Schalke!"

„Wieso das denn?", fragt der Richter verwirrt.

Peter erklärt: „Mami schlägt mich, Papi schlägt mich, aber Schalke, die schlagen keinen!

Warum stehen Männer auf Frauen in Lack und Leder?

WEIL SIE WIE NEUE AUTOS RIECHEN.

Kind: „Warum bist du immer so müde, Papa?"

Vater: „Weil so viele Talente in mir schlummern."

Was ist ein Meinungsaustausch?

WENN MAN MIT SEINER MEINUNG ZUR SEINER FRAU GEHT UND MIT IHRER ZURÜCKKOMMT.

Ein Flugzeug mit fünf Passagieren ist kurz vor dem Abstürzen. Zu jedermanns Schock gibt es allerdings nur vier Fallschirme.

Der erste Passagier sagt: „Ich bin Christiano Ronaldo, eine wahre Fußball-Legende! Real braucht mich, ich kann sie nicht im Stich lassen!"

Er schnappt sich den ersten Fallschirm und springt aus dem Flieger.

Die zweite Passagierin, Iwanka Trump, sagt: „Ich bin nicht nur die Tochter des Präsidenten, ich bin auch eine der engagiertesten Frauen der heutigen Zeit!"

Sie schnappt sich den zweiten Fallschirm und springt ebenfalls aus dem Flugzeug.

Der dritte Passagier, Donald Trump, spricht: „Ich bin der Präsident der Vereinigten Staaten von Amerika. Ich bin klug und wichtig, mein Land braucht mich!"

Er nimmt den dritten Schirm und stürzt sich aus dem Fenster.

Der vierte Passagier, der Papst, sagt zum fünften Passagier, einem zehnjährigen Schuljungen: „Ich bin schon alt, die beste Zeit meines Lebens ist eh vorüber. Du hast noch so vieles vor dir, nimm du den letzten Fallschirm."

Doch der Junge erwidert gelassen: „Keine Sorge, wir können beide einen Fallschirm haben. Trump hat sich meine Schultasche geschnappt ..."

Mein Joghurt hat mich grade fast verprügelt! Da war wohl Schlagsahne drin.

Du hast echt schöne Beine. Sollten die sich je streiten, bin ich gerne bereit, dazwischen zu gehen.

Er: „Liebling, mit der neuen Brille siehst du echt hässlich aus."

Sie: „Ich habe doch gar keine neue Brille!"

Er: „Aber ich."

Die Würde eines Mannes ist unten tastbar.

Was ist das Gegenteil vom Frühlingserwachen?

SPÄTRECHTSEINSCHLAFEN.

Meine Freundin kam ungeschminkt aus dem Bad und ich sagte: „Na, wieder auf Werkeinstellung zurückgesetzt?"

Zack, Sexverbot ...

Kennst du den Witz von der Blondine im Aufzug? Nein?

ICH AUCH NICHT. HAB DIE TREPPE GENOMMEN.

Als der Vater am Abend von der Arbeit nach Hause kommt, hört er aus dem Zimmer der Tochter ein leises Stöhnen.

Etwas besorgt öffnet er die Tür und sieht, wie sich die Tochter mit einer Banane selbst befriedigt.

Am nächsten Morgen bindet er die Banane an ein Seil und zieht sie im Haus hinter sich her.

Die Tochter wird knallrot und die Mutter fragt: „Was machst du denn da, Schatz?"

Der Vater erklärt: „Ich zeige meinem zukünftigen Schwiegersohn das Haus."

Das Kind ruft seine Mama an: „Papa sagt, ich soll dich anrufen und dir sagen, dass wir Hunger haben!"

Mutter: „Aber der Papa ist doch zu Hause?"

Kind: „Ja, der hat auch Hunger."

Deine Zähne sehen aus wie Duisburg und Gelsenkirchen. Da ist noch Essen zwischen.

Um ihren 30. Hochzeitstag zu feiern, planen Jochen und Anna eine Reise in das Hotel, in dem sie damals ihre Flitterwochen verbracht haben.

Damit es perfekt wird, fliegt Jochen bereits einen Tag früher, um alles vorzubereiten.

Spät am Abend möchte er seiner Frau eine E-Mail schreiben. Aus Versehen gibt er jedoch die falsche Adresse ein und die Nachricht landet bei der Witwe eines erst vor kurzem verstorbenen Pfarrers.

Am Morgen kommt ihr Sohn zu Besuch und findet die Witwe ohnmächtig vor dem Computer.

Auf dem Bildschirm sieht er die E-Mail: „Meine geliebte Frau, ich bin soeben angekommen. Ich habe für deine Ankunft morgen alles vorbereitet.

Ich hoffe wirklich, dass deine Reise genauso angenehm wird, wie meine es war. P.S.: Es ist sehr heiß hier!"

Warum können Bagger nicht schwimmen?

WEIL SIE NUR EINEN ARM HABEN.

Was macht eine Bombe im Bordell?

PUFF.

Die Polizei hält einen Jungen an, der mit dem Fahrrad auf der falschen Straßenseite fährt.

Polizei: „Wo wohnst du?"

Junge: „Bei meinen Eltern."

Polizei: „Wo wohnen deine Eltern?"

Junge: „In unserem Haus."

Polizei: „Und wo steht euer Haus?"

Junge: „Neben unserem Nachbarn."

Polizei: „Und wo wohnt dein Nachbar?"

Junge: „Sie würden es nicht glauben, wenn ich es sage."

Polizei: „Sag es."

Junge: „Neben unserem Haus."

Die Tochter fragt den Vater: „Papa, was ist eigentlich Wind?"

Vater: „Das ist die Luft, die es eilig hat."

Was macht eine Bombe im Treppenhaus?

HOCHGEHEN.

Wie nennt man befreundete Gummibärchen?

HARIBROS

Die Frau weckt ihren Mann auf: „Wolltest du nicht um sieben aufstehen?"

Der Mann antwortet: „Ja, ich wollte nicht um sieben aufstehen."

Der Sohn fragt seine Mutter: „Mama, wieso trägt die Braut bei der Hochzeit Weiß?"

„Die Farbe Weiß steht für Unschuldigkeit und Reinheit", antwortet die Mutter.

Der Sohn ist mit der Antwort nicht so ganz zufrieden und stellt daher dem Vater dieselbe Frage.

„Schau mein Sohn", sagt er und geht in die Küche.

„Welche Farbe hat der Kühlschrank?"

„Weiß", antwortet der Sohn.

„Und welche Farbe hat der Geschirrspüler?"

„Weiß", antwortet der Sohn erneut.

„Und welche Farbe hat die Waschmaschine?"

„Auch weiß", sagt das Kind.

„Siehst du, alle Haushaltsgeräte sind weiß!"

Was würde passieren, wenn man keine Briefe mehr senden kann?

DIE POSTAPOKALYPSE.

Das Kind ist krank, der Vater backt ihm eine Pizza auf.

„Wie soll ihm das denn bei der Genesung helfen?“, empört sich die Mutter. „Der Doktor hat es verschrieben“, erklärt der Vater.

Mutter: „Welcher Doktor soll denn das bitte gewesen sein?“

Vater: „Doktor Oetker.

Der Sohn erzählt den Eltern stolz, dass er einen neuen Job hat.

„Ich arbeite jetzt als Sicherheitsangestellter für Samsung!“

Darauf der Vater: „Dann bist du also ein Guardian of the Galaxy.“

Was hört man, wenn man sich einen Döner ans Ohr hält?

DAS SCHWEIGEN DER LÄMMER.

Es stehen 100 Männer vor dem Himmelstor.

Petrus empfängt sie mit den Worten: „Die Männer unter euch, die immer machen, was die Ehefrau ihnen sagt, reihen sich bitte links auf. Die echten Männer können sich rechts hinstellen".

Fünf Minuten später ist es getan und Petrus staunt, denn nur ein einziger Mann steht auf der rechten Seite.

Stolz legt er seinen Arm um ihn: „Du bist der einzige echte Mann hier. Sag deinen Kollegen da drüben mal, warum du hier stehst!"

„Weiß ich auch nicht", sagt der Mann.

„Meine Frau hat gesagt, ich soll mich hier hinstellen."

Wenn zwei Anästhesisten sich verlieben, geben sie sich dann gegenseitig Narkosenamen?

Wie heißt ein schwedischer Türsteher?

LASSE REINSTRÖMEN.

Habe ich erzählt, dass ich mich mal während eines Saltos verliebt habe? Es war Hals über Kopf...

Der Vater erklärt seinem Sohn: „Das Wichtigste in der Ehe sind Aufrichtigkeit und Willensstärke."

„Was ist Aufrichtigkeit?", fragt der Sohn.

„Das bedeutet, jedes Versprechen, dass du deiner Frau gibst, auch einzuhalten."

„Und was ist Willensstärke?"

„Das bedeutet, seiner Frau nie etwas zu versprechen."

Wenn Hupen im Straßenverkehr ein Warnsignal ist, wieso Hupen dann alle, wenn jemand Heiratet?

Glasvase: „Wenn du mich kaputt machst, bekommst du ein Jahr lang Unglück!"

Spiegel: „Wenn du mich kaputt machst, bekommst du sogar gleich sieben Jahre Unglück!"

Kondom: „Hahahahahaha!"

Typisch Deutsch ist, wenn du mit dem Fahrrad fahren musst, weil du deinen Führerschein verloren hast, weil du betrunken Fahrrad gefahren bist.

Wie jeden Mittwoch treffen sich Klaus und Jürgen, um über ihre letzte Woche zu plaudern.

Klaus prahlt: „Ich war am Wochenende auf einer klasse Party geladen. Die Gastgeber waren so reich, die hatten ein Klo aus Gold!"

Daraufhin Jürgen: „Klar, das glaubst du dir doch selbst nicht. Goldenes Klo ... von wegen."

Nach kurzer Diskussion entscheiden sich die beiden, zum Haus der Gastgeber zu fahren, um sich vom goldenen Klo zu überzeugen.

Wenig später kommen sie an und Klaus klingelt an der Tür.

Eine hübsche Dame öffnet und fragt freundlich: „Hallo, wie kann ich Ihnen helfen?"

Klaus erklärt: „Ich war am Wochenende auf Ihrer Party eingeladen und bin ganz begeistert von Ihrem goldenen Klo. Mein Freund Jürgen möchte mir das nicht so ganz glauben, also würde ich es ihm gerne beweisen."

Die Dame dreht sich um und ruft in den Hausflur: „Werner, hier ist das Schwein, das in deine Posaune gekackt hat!"

Mädchen wollen immer ein Pferd haben, bis sie 16 Jahre alt sind.

Ab 17 kommen sie dann mit einem Esel nach Hause.

Was ist schwarz und hängt von der Decke?

EIN SCHLECHTER ELEKTRIKER.

Bei der Fahrt auf einer einsamen Landstraße nervt der siebzehnjährige Sohn seinen Vater: „Lass mich doch auch mal fahren, ich bin doch wirklich schon alt genug!"

„Du schon", erwiderte der Vater. „Aber das Auto noch nicht!"

Die Tochter sitzt im Wohnzimmer und versucht konzentriert, ein Kreuzworträtsel zu lösen.

Als sie nicht weiter weiß, fragt sie ihren Vater: „Papa, was ist Lebensende mit drei Buchstaben?"

Der Vater sagt, wie aus der Pistole geschossen: „Ehe."

Was fliegt durch die Luft und macht Mus Mus?

EINE RÜCKWÄRTS FLIEGENDE BIENE.

Ich habe einen Stift, der unter Wasser schreiben kann. Er kann aber auch andere Wörter schreiben.

Der Sohn hat im Lotto gewonnen und sich für 50.000 Euro eine Rolex-Uhr gekauft. Als er sie stolz seinem Vater zeigt, fragt dieser: „Wie spät ist es?"

Der Sohn antwortet: „Es ist 15.30 Uhr."

Der Vater schaut auf seine Armbanduhr und sagt: „Auf meiner auch. Und die hat nicht mal 50 Euro gekostet."

Mann im Restaurant: „Ich hätte gerne das, was der Typ da am Tisch neben mir hat."

Kellner: „Eine Freundin?"

Die Tochter schüttet sich Tee auf ihr Shirt.

Vater: „Macht doch nichts, ist ja ein Tee-Shirt."

Ein Inder und ein Chinese stehen an der Bar. Welcher wird als Erstes bedient?

Der Inder: Punkt vor Strich.

Ein Mann fragt einen anderen nach einer Zigarette und erhält eine.

„Danke", sagt der Mann. „Könnte ich bitte auch noch Ihr Feuerzeug ausleihen?"

Der andere gibt ihm das Feuerzeug und sagt: „Aber rauchen können Sie alleine, oder?"

Woran erkennt man einen französischen Panzer?

ER HAT EINEN VORWÄRTS- UND FÜNF RÜCKWÄRTSGÄNGE.

Vater und Sohn sitzen gemeinsam im Garten, als der Sohn sagt: „Ich würde eigentlich gerne mit dem Rauchen aufhören, aber ich weiß nicht so ganz wie."

Darauf antwortet der Vater: „Rauche doch immer nur noch nach dem Sex. Dann bist du ganz schnell ein Nichtraucher!"

Was machen 20 Pillemänner im Bus?

EINE SPRITZTOUR.

Eva zu Adam im Paradies: „Adam, du gehst mir doch nicht fremd, oder?"

Adam: „Wenn ich bloß könnte!"

Frau: „Ich wünschte, ich sähe jünger aus."

Mann: „Ich hab da was, das hilft!"

Frau: „Oh ja? Was denn?"

Mann: „Einen Schnuller."

Sagt die Null zur Acht: „Der Gürtel steht dir!"

Chuck Norris ist der einzige Mensch, der weiß, wie man die Zeit totschlägt ...

Der Vater hilft seinem Sohn bei den Hausaufgaben.

Sohn: „Ich muss einen Aufsatz schreiben. Wie lang sollte der wohl sein?"

Vater: „Das ist dasselbe Prinzip wie bei Röcken. So lang, dass er alles abdeckt, aber kurz genug, dass ich das Interesse nicht verliere."

Wie nennt man es, wenn Veganer demonstrieren?

GEMÜSEAUFLAUF.

Ein betrübter Mann sitzt mit einem Bier in der Kneipe.

Da kommt ein breit-gebauter, großer Mann vorbei, haut ihm lachend auf den Rücken und trinkt ihm sein Bier weg.

Der Mann fängt an zu weinen.

Noch immer lachend sagt der große Mann: „Na, komm schon, heul doch nicht wegen eines Biers, du Weichei!"

Der erste Mann erklärt empört: „Meine Woche war absolut beschissen. Zuerst hat mich meine Frau verlassen, das Konto leer geräumt und mich aus dem Haus geschmissen. Am nächsten Tag erfahre ich, dass ich gefeuert wurde.

Ich wollte nicht weiterleben und legte mich auf die Gleise. Aber der Zug wurde aufgrund einer Baustelle umgeleitet.

Also versuchte ich, mich zu erhängen, aber der Strick ist gerissen!

Ich versuchte, mich zu erschießen, aber der Revolver klemmte.

Und jetzt habe ich meinen letzten Penny für ein Bier ausgegeben, Gift reingetan und du hast es mir weggetrunken!"

Wie nennt man es, wenn Leute unter der Dusche singen?

SEIFEN-OPER.

Die Frau muss zur OP ins Krankenhaus.

Fragt der Arzt ihren Mann: „Wie viel wiegt ihre Frau?"

Mann: „Fragen Sie mich was Leichteres."

Was ist der Unterschied zwischen einem Einbrecher und einem Arzt?

DER EINBRECHER WEISS, WAS EINEM FEHLT.

Der menschliche Körper besteht zu 90 Prozent aus Wasser.

Wir sind also eigentlich nur Gurken mit Rechten.

Fragt ein Tourist einen Passanten: „Entschuldigung, kennen Sie den Namen dieser Brücke?"

Passant: „Kennedybrücke."

Tourist: „Sehr gut! Wie heißt sie denn nun?"

Wie geht Grillen auf griechische Art?

OHNE KOHLE.

Unterhalten sich zwei Hunde.

Sagt der eine: „Ich bin adelig. Mein Name ist Hans von Rosenfeld."

Sagt der andere: „Ich bin auch adelig. Ich heiße Runter vom Schoß."

Tochter und Mutter unterhalten sich.

Tochter: „Mama, ich habe einen neuen Freund!"

Mutter: „Oh, das ist ja schön, wer ist er denn?"

Tochter: „Es ist Peter, der Postmann."

Mutter: „Oh, Kind, der könnte dein Vater sein!"

Tochter: „Er ist etwas älter, aber wir lieben uns."

Mutter: „Nein, du verstehst das nicht. Er könnte dein Vater sein!"

Warum reisen siamesische Zwillinge so gerne nach England?

DAMIT DER ANDERE AUCH MAL FAHREN DARF.

Sagt ein Jäger zum anderen: „Ich habe mal eine riesige Wildsau erschossen. Die war so groß, dass zehn Leute helfen mussten, sie zu tragen."

Sagt der andere Jäger: „Ich habe mal einen Vogel erschossen. Der war so groß, es waren 120 Personen in ihm drin!"

Ich habe ein Huhn und ein Ei von Amazon bestellt.

Ich sag dir Bescheid, was als Erstes da war.

Warum nennt man den Trabi „Trabi"?

Wenn er schneller wäre, würde man ihn „Galoppi" nennen.

Was hat der Mars mit dem Berliner Flughafen gemeinsam?

In etwa 30 Jahren sollen die ersten Menschen dort landen.

Mutter: „Lilly, wie läuft denn das Medizinstudium? Was hast du Spannendes gelernt?"

Lilly: „Wusstet ihr, dass Pornografie chronische Schmerzen lindern kann?"

Vater: „Nur nicht im Handgelenk."

Ein Paar landet nach dem Date gemeinsam im Bett. Während sie sich ausziehen, sagt die Frau: „Du siehst so heiß aus heute!"

Mann: „Oh ja, ich habe mich extra für dich herausgeputzt!"

Frau: „Warte, was ist denn das?"

Mann: „Oh, das ist mein Gliedschatten."

Weshalb sind bei Ikea Pfeile auf dem Boden?

WEIL ES EIN EINRICHTUNGSHAUS IST.

Eine Frau und ihr Liebhaber sind heiß zugange, als sie auf einmal den Ehemann nach Hause kommen hören.

„Stell dich schnell in die Ecke da!", sagt die Frau. Sie schmiert den Liebhaber mit Babyöl ein und pustet eine große Ladung Talkpulver auf ihn.

„Tu einfach so, als wärst du eine Statue."

„Hallo Schatz, was ist denn das?", fragt der Ehemann, als er ins Schlafzimmer kommt.

„Ich habe gesehen, dass Schmitts so eine tolle Statue im Zimmer haben, da wollte ich auch eine haben", antwortet die Frau clever.

Zufrieden mit ihrer Antwort geht der Ehemann zu Bett.

Einige Zeit, nachdem seine Frau eingeschlafen ist, steht er auf und geht in die Küche.

Er macht sich ein Sandwich, gießt sich etwas Milch ein und geht damit zurück ins Schlafzimmer.

„Hier, iss etwas", sagt er zu der Statue.

„Ich habe wie ein Trottel drei Tage bei Schmitts im Schlafzimmer gestanden und keiner hat mir etwas angeboten."

Welches Gewässer steht unter Denkmalschutz?

DER ALTANTIKE OZEAN.

Der Meister suchte nach einem Werkzeug. Da schlug der Lehrling vor, im Kofferraum des Firmenwagens nachzusehen.

Der Meister fand den Vorschlag Hammer.

99 Prozent der Autounfälle sind von Männern verschuldet. Immerhin sind sie es, die ihrer Frau den Schlüssel gegeben haben ...

Beim Abendessen erzählt die Tochter: „Ich glaube, ich werde mein Auslandssemester in Indien machen."

Sagt der Sohn: „Cool! Aber denk dran, wenn die Inder mit dem Kopf schütteln, heißt das ‚Ja', wenn sie nicken heißt es ‚Nein'."

Vater: „Genauso wie bei deiner Mutter."

Kind: „Papa, hast du schon den Film ‚James Bond' gesehen?"

Vater: „Habe ich ... Ja, habe ich ..."

Stehen zwei Omas nackt im Fluss und angeln, sagt die eine zur anderen: „Huch, da ist mir doch glatt einer durch die Lappen gegangen."

Der Vater ruft aus dem Badezimmer: „Guckt mal, Kinder, ich bin ein 3D-Drucker!"

Wie nennt man eine Gruppe von Wölfen?

WOLFGANG

Vater zur Tochter: „Wie macht das Huhn?"

Tochter: „Kikerikiii!"

Vater: „Wie macht der Hund?"

Tochter: „Wuff wuff!"

Vater: „Und wie macht die Mama?"

Tochter: „Mecker, mecker, mecker!"

Der Vater gratuliert dem Sohn: „Herzlichen Glückwunsch zum 18-ten Geburtstag, mein Sohn. Jetzt kannst du bis zu deiner Hochzeit machen, was du willst!"

Wieso gibt es so wenig Frauenfußball?

WEIL ES NICHT SO EINFACH IST, ELF FRAUEN ZU FINDEN, DIE DAS GLEICHE ANZIEHEN WOLLEN ...

Was bekommt ein Kannibale, wenn er zu spät zum Abendessen erscheint?

DIE KALTE SCHULTER.

Eine ältere Dame findet einen Papagei. Sie gibt ihm Essen und Trinken und sagt, wenn er drei Sätze lerne, könne er für immer bei ihr bleiben.

Also fliegt der Papagei los, um Sätze zu lernen.

Er fliegt über ein Schwimmbad und hört: „Haha, du kannst nicht schwimmen!"

Dann kommt er über ein Fußballfeld und hört: „Zehn Zentimeter daneben."

Als Nächstes fliegt er über einen Flughafen und hört: „Der dicke Jumbo ist gelandet."

Er kommt wieder zu der Frau, welche grade in der Badewanne liegt.

Er sagt: „Haha, du kannst nicht schwimmen!"

Empört wirft die Frau mit einem Stück Seife nach ihm.

„Zehn Zentimeter daneben", sagt der Papagei.

Wütend hüpft die Frau aus der Wanne, aber rutscht aus und fällt hin.

Der Papagei schreit: „Der dicke Jumbo ist gelandet!"

Was sagen englische Bauern, wenn ihnen die Kühe entlaufen?

OXFORD.

Moskitos sind wie Verwandte. Lästig, aber sie tragen das eigene Blut.

Kinder heutzutage können einfach nicht ohne das Internet.

Schaltet man es aus, tut ihnen das www.

Warum haben Araber kein Brot?

WEIL SIE KA-MEHL HABEN.

Klopapier – eine wichtige Rolle in meinem Leben.

Ein Glas Nutella hat fast 10.000 Kalorien, aber das ist mir egal. Das Glas esse ich eh nicht mit.

Vater und Tochter gehen die demente Oma im Altenheim besuchen.

Zum Abschied sagt die Mutter: „Richte der Oma schöne Grüße von mir aus!"

Vater: „Werde ich alle paar Minuten machen!"

Ist es eigentlich politisch inkorrekt, wenn Pro7 den Film „World-Trade-Center" als Blockbuster ankündigt?

Mann: „Entschuldigung, darf ich kurz stören?"

Kollege: „Klar, was gibt es denn?"

Mann: „Nichts, wollte nur kurz stören."

Der Vater sitzt auf der Toilette, die Mutter weiß es nicht und schaltet das Licht aus. Der Vater beginnt, panisch zu schreien. Schnell schaltet die Frau das Licht wieder an.

„Tut mir leid, Schatz", sagt sie. „Ich wusste nicht, dass du da drin bist!"

„Um Himmels Willen! Und ich dachte mir wären beim Pressen die Augen geplatzt!"

Was ist noch gefährlicher als das Rauchen von Zigaretten?

GLEISE. NUR EIN ZUG UND DAS WAR´S!

Sagt der Hai-Vater zu seinem Sohn: „Wenn du jagen gehst, merke dir eines: Wenn du einen Menschen fressen willst, musst du immer erst für mindestens fünf Minuten um ihn herumschwimmen. Desto länger, desto besser!"

Hai-Sohn: „Okay, aber warum denn? Ist das nicht Zeitverschwendung?"

Hai-Vater: „Nein, das ist total wichtig. Sonst ist ja die ganze Kacke noch drin."

Genitiv ins Wasser, weil es Dativ ist.

Chef bei der Arbeit: „Riechen Sie etwa nach Bier?!"

Er: „Na, bei meinem Gehalt wird es ja wohl kein Champagner sein."

In der Nacht vor der Hochzeit:

Er: „Na endlich, ich habe ewig gewartet!"

Sie: „Soll ich gehen?"

Er: „Nein! Wie kommst du darauf? Allein die Vorstellung davon ist schrecklich!"

Sie: „Liebst du mich?"

Er: „Natürlich, zu jeder Tages- und Nachtzeit!"

Sie: „Hast du mich jemals betrogen?"

Er: „Nein, würde ich nie! Wieso fragst du das?"

Sie: „Möchtest du mich küssen?"

Er: „Ja, bei jeder Gelegenheit!"

Sie: „Würdest du mich jemals schlagen?"

Er: „Bist du verrückt? Du kennst mich doch!"

Sie: „Kann ich dir voll und ganz trauen?"

Er: „Ja."

Sie: „Schatzi ..."

Nach 5 Jahren: Lies es von unten nach oben!

In einer Bar steht eine Gruppe Liliputaner hinter dem Tresen.

Mann: „Was ist denn hier los? Ist der Kicker kaputt?"

Der Sohn fragt seinen Vater: „Vati, wo ist das Ding zum Kartoffelschälen?"

Antwortet der Vater: „Die Mami ist nicht zu Hause, mein Sohn."

Eine kleine Tochter fragt ihren Vater, wie sie entstanden ist.

Der Vater erzählt ihr die Geschichte von Adam und Eva.

Das Kind geht zu seiner Mutter und stellt ihr dieselbe Frage.

Die Mutter antwortet: „Wir waren erst Affen und dann haben wir uns zu Menschen entwickelt."

Die Tochter geht zurück zum Vater und sagt: „Papa, das mit Adam und Eva stimmt nicht. Wir waren erst Affen und dann wurden wir zu Menschen!"

Vater: „Das gilt nur für den Stammbaum deiner Mutter."

Fragt eine Kerze die andere: „Ist Wasser eigentlich gefährlich?"

Antwortet die andere: „Davon kannst du ausgehen!"

Ich würde gerne einen Witz über Chemie erzählen, aber ich weiß nicht, welche Reaktion ich bekomme.

Fragt der Sohn: „Papa, kann ich Oma heiraten?"

Vater: „Nein! Du kannst doch nicht meine Mutter heiraten!"

Sohn: „Warum denn nicht? Du hast doch auch meine Mutter geheiratet!"

Was ist braun, fliegt herum und zerstört Zähne?

DIE TOFFI-FEE!

Der Mann kommt von der Arbeit nach Hause.

Sagt seine Ehefrau: „Schatz, wolltest du ab jetzt nicht immer mit dem Fahrrad zur Arbeit fahren, damit du etwas abnimmst?"

Mann: „Mache ich ja, aber ich glaube, nicht mehr lange. Das Rad nimmt einfach zu viel Platz ein im Kofferraum."

Ich glaube, mein Hund ist in mich verliebt. Immer, wenn ich ihn frage, wie ich aussehe, sagt er: „Wau!"

Fritz fragt seine Mutter, ob er in der Küche Ball spielen darf.

„Ja", sagt sie, „aber wehe, du schießt mir die Tassen kaputt."

Fritz schoss aus Versehen die Tassen kaputt.

Er ging zu seinem Vater und fragte ihn, ob er auf dem Dachboden Ball spielen könnte.

„Nur wenn du mir kein Loch ins Dach schießt", sagte der Vater.

Fritz schoss aus Versehen ein Loch ins Dach.

Er ging zur Schwester und fragte, ob er in ihrem Zimmer Ball spielen könne.

„In Ordnung, aber schieß mir keine Schrauben locker", sagte sie.

Fritz schoss aus Versehen eine Schraube locker.

Am nächsten Tag kommt er traurig in die Schule.

Sein Freund fragt: „Was ist denn los?"

„Meine Mutter hat nicht mehr alle Tassen im Schrank, mein Vater hat einen Dachschaden und meine Schwester hat eine Schraube locker."

Wie nennt man eine schwerhörige Briefträgerin?

BRIEFTAUBE.

Meine Frau sagt, ich sei schlecht im Bett. Aber ich finde, das kann man nach 15 Sekunden noch gar nicht so beurteilen!

Ist das Gegenteil von „japanisch" eigentlich „neinentspannt"?

Sagt ein Mann zu seinem Kumpel: „Ich hab eine Million im Lotto gewonnen!"

Kumpel: „Wow, wie hat deine Frau darauf reagiert?"

Mann: „Es hat ihr die Sprache verschlagen."

Kumpel: „Oh Mann, so viel Glück auf einmal!"

Was ist die Steigerung von „Lebensgefahr"?

LEBENSGEFÄHRTIN.

Warum klaut Robin Hood Deo?

ER WILL ES UNTER DEN ARMEN VERTEILEN.

Sitzen 3 Männer mit offenen Fenstern im Flugzeug.

Der erste wirft einen Stock aus dem Fenster, der zweite einen Stein und der dritte eine Bombe.

Das Flugzeug ist gelandet und die Männer steigen aus.

Doch plötzlich kommt ihnen ein Kind entgegen und weint.

Ein Mann fragt: „Warum weinst du?"

Antwortet das Kind: „Mir ist ein Stock auf den Kopf gefallen!"

Gehen die Männer weiter. Kommt wieder ein Kind angerannt und weint.

Fragt der Mann: „Warum weinst du?"

Antwortet das Kind: „Mir ist ein Stein auf den Kopf gefallen!"

Gehen die Männer weiter. Kommt wieder ein Kind, doch diesmal lacht es.

Fragt der Mann: „Warum lachst du denn so sehr?"

Antwortet das Kind: „Ich hab gefurzt und die Schule ist explodiert!"

Ich habe grade beim Flughafen angerufen, aber da hebt keiner ab!

Augenarzt: „Ihre Test-Ergebnisse sind leider gar nicht gut."

Patient: „Kann ich sie sehen?"

Arzt: „Wahrscheinlich nicht."

Ein Cowboy geht zum Friseur. Als er wieder herauskommt, ist sein Pony weg.

Der Vater ruft an, der Sohn nimmt ab.

Vater: „Heiße Milfs aus deiner Nähe suchen Kontakt zu dir."

Sohn: „WAS?!"

Vater: „Deine Mutter möchte mit dir sprechen, nimm verdammt noch mal das Telefon ab!"

Wie nennt man gesellige Hülsenfrüchte?

KONTAKTLINSEN.

Das Kind fragt den Vater: „Papa, was war Jesus von Beruf?"

Antwortet der Vater: „Er war Student. Er wohnte mit 30 noch bei den Eltern, hatte lange Haare und, wenn er etwas getan hat, war es ein Wunder."

Die Tat eines Inders ist in der Tat eine Indertat, die ein Inder tat.

Wie nennt man einen Cowboy, dem sein Pferd entlaufen ist?

EINEN SATTELSCHLEPPER.

Ich wollte eine Camouflage-Hose kaufen, aber ich konnte keine finden.

Der Freund isst zum ersten Mal bei den Eltern seiner Freundin.

Nach dem Essen verspürt er einen unglaublichen Drang zum Furzen.

Leise, aber dennoch hörbar, lässt er einen fahren.

Darauf sagt der Vater zum Hund unterm Tisch: „Bello!"

„Puh", denkt der neue Freund, „der Alte denkt, dass es der Hund war."

Prompt lässt er noch einen fahren.

„Hasso!", ruft der Vater erneut.

Darauf folgt noch einer, aber ein verdammt lauter.

„Hasso!", sagt der Vater nun etwas bestimmter.

„Geh da weg, bevor dir der Typ noch auf den Kopf scheißt!"

Neuer Arbeitgeber: „Zu Beginn des Jobs werden sie 600 Euro verdienen, später werden es dann 1.800 Euro sein."

Arbeiter: „Okay, dann komme ich lieber später."

Warum fahren die Spieler des TSV 1860 München immer bei Rot über die Ampel?

DAMIT SIE WENIGSTENS IN FLENSBURG PUNKTE KRIEGEN.

Wie nennen Fische ihre Zahnärzte?

KARIESPROFILACHSE.

Der Sohn kommt morgens zum Frühstück in die Küche. „Warum bist du nicht in der Schule? Ihr schreibt doch heute einen Test, oder nicht?", fragt der Vater.

Sohn: „Ich bin krank, ich kann den Test heute nicht schreiben."

Vater: „Was hast du denn?"

Der Sohn grinst: „Sexuelle Erschöpfung."

Vater: „Dann schreib den Test halt mit der linken Hand!"

Der Sohn sitzt traurig auf dem Sofa. Der Vater fragt: „Was ist denn los, mein Sohn?"

Sohn: „Ich vermisse meine Freundin."

Vater: „Dann blas sie doch auf!"

Du bist so unentschlossen! Wärst du ein japanischer Krieger, wärst du ein Nunja.

Die Mutter verlässt das Haus. Vater: „Wohin gehst du?"

Mutter: „Ich gehe zu einer Tupperparty."

Vater: „Was ist das?"

Mutter: „Da sitzen Frauen und zeigen sich gegenseitig ihre Dosen."

Vater: „Verarschst du mich?"

Was sagt man, nachdem ein Spanner gestorben ist?

DER IST WEG VOM FENSTER.

Warum müssen Studenten schon um sieben aufstehen?

WEIL UM ACHT ALLE LÄDEN SCHLIESSEN.

Vater zu seinem Sohn: „Mein Kind, ich muss dir etwas gestehen. Du wurdest adoptiert."

Sohn: „WAS?! Ich möchte meine echten Eltern kennenlernen!"

Vater: „Wir sind deine echten Eltern. Und jetzt pack deine Sachen, du wirst in zehn Minuten abgeholt."

Wie nennt man ein Kaninchen im Fitnessstudio?

PUMPERNICKEL.

Zahnarzt: „Okay, das könnte jetzt ein wenig weh tun ..."

Patient: „Kein Problem, ich kann es aushalten."

Zahnarzt: „Ich habe seit einem Jahr eine Affäre mit Ihrer Frau."

Zwei Zahnstocher spazieren durch den Wald. Plötzlich läuft ein Igel vorbei.

Sagt einer der Zahnstocher: „Ich wusste gar nicht, dass hier auch ein Bus fährt!"

Wie erkennt man, dass ein Mann Pläne für die Zukunft macht?

ER KAUFT ZWEI KISTEN BIER.

Sohn: „Das Mädchen, das ich mag, hat jetzt Corona. Ich wollte sie eigentlich auf ein Date einladen ..."

Vater: „Das ist doch super! Jetzt, wo sie ihren Geschmack verloren hat, hast du endlich eine Chance!"

Wie nennt man einen Bumerang, der nicht zurückkommt, wenn man ihn wirft?

EINEN STOCK.

Treffen sich zwei Rosinen. Fragt die eine die andere: „Warum hast du denn einen Helm auf?"

Sagt die andere: „Ich muss gleich in den Stollen."

Der verstorbene Papst kommt an die Himmelstür. Petrus begrüßt ihn freundlich und fragt nach seinem Namen.

„Ich bin der Papst."

„Papst ... Papst", murmelt Petrus. „Tut mir leid, ich habe niemanden mit diesem Namen in meinem Buch."

„Aber ich bin der Stellvertreter Gottes auf der Erde!", empört sich der Papst.

„Gott hat einen Stellvertreter auf Erden?" fragt Petrus verblüfft. „Komisch, davon hat er mir gar nichts erzählt ..."

Der Papst läuft krebsrot an. „Ich bin das Oberhaupt der katholischen Kirche!" „Katholische Kirche, nie gehört", sagt Petrus. „Aber warte einen Moment, ich frage einfach mal den Chef."

Er geht nach hinten in den Himmel und sagt zu Gott: „Herr, da ist einer vor der Tür, der sagt, er sei dein Stellvertreter auf Erden. Er heißt Papst, sagt dir das was?"

„Nee", sagt Gott, „kenn ich nicht, lass uns mal meinen Sohn fragen. Jesus, weißt du, wer der Papst ist?"

„Kenn ich auch nicht", erwidert Jesus, „aber vielleicht weiß es ja der Heilige Geist?"

„Na klar", platzt es nach kurzem Denken wütend aus dem heiligen Geist heraus, „das ist der Kerl, der Scheiße über Maria und mich erzählt!"

Ich habe kein Auto. Ich genieße das Leben in vollen Zügen.

Wenn man jemanden, der nicht verheiratet ist, „ledig" nennt, nennt man dann einen Verheirateten „erledigt"?

Die Hebamme fragt den Vater der schwangeren Frau, ob er schon einmal bei einer Geburt dabei war.

Vater: „Ja, war ich. Es war alles viel zu dunkel und dann auf einmal viel zu hell."

Was haben Schwiegermütter und Regenwolken gemeinsam?

WENN SIE SICH VERZIEHEN, WIRD ES NOCH EIN SCHÖNER TAG.

Der Mann weckt seine Frau mitten in der Nacht auf: „Schatz, hier ein Glas Wasser und deine Kopfschmerztabletten."

Frau: „Ich habe gar keine Kopfschmerzen?"

Mann: „Super, dann können wir ja endlich loslegen ..."

Wie kastriert man einen Kühlschrank?

TÜR AUF, EIER RAUS, TÜR ZU!

Was ist der kleinste Bauernhof der Welt?

EIN POLIZEIAUTO! VORNE SITZEN DIE BULLEN UND HINTEN DIE ARMEN SCHWEINE.

Sohn: „Papa, kannst uns deine Taschenlampe leihen?"

Vater: „Wozu denn?"

Sohn: „Wir wollen heut Nacht mit den Mädchen im Park fummeln."

Vater: „Hm, dazu brauchten wir damals aber keine Taschenlampen."

Sohn: „Ja, so sieht die Mama auch aus."

Ich habe gestern bei WeightWatchers angerufen.

Aber leider hat keiner abgenommen.

Tochter: „Papa, darf ich mir heute Abend dein Auto ausleihen?"

Vater: „Budapest."

Tochter: „Was?"

Vater: „Hauptstadt von ungern."

Was ist mutig? Wenn ein Mann mit einem Ständer gegen eine Wand läuft.

Was ist peinlich? Wenn er mit der Nase zuerst dagegen knallt.

Kunde in der Metzgerei: „Ich hätte gerne eine Leberwurst von der runden, fetten."

Metzger: „Sorry, die hat heute frei."

Liebes Mathe, werd endlich erwachsen und löse deine eigenen Probleme!

Legt euer Geld in Alkohol an! Wo sonst bekommt man 40 Prozent?

Wenn die Stiftung Warentest Vibratoren testet, ist dann ‚befriedigend' besser als ‚gut'?

Auf der Familienfeier fragt die Oma: „Na, Lisa, was machst du denn jetzt nach der Schule?"

Lisa: „Ich studiere Geologie."

Oma: „Oh, Theologie, das ist ja schön!"

Vater: „Geologie, nicht Theologie, Mama. Es geht um Steine, nicht ums Steinigen."

Warum ist „der Magnet" männlich?

WÄRE ER WEIBLICH, WÜSSTE ER NIE, WAS ER ANZIEHEN SOLL ...

Der Mann fragt seine Frau beim Abendessen: „Schatz, was ist das komische Zeug hier neben meinem Steak?"

Die Frau antwortet: „Couscous."

Der Mann: „Jaaa, Kuss zurück. Aber was ist das denn jetzt?"

Der Vater schaut in seine Brieftasche und erschrickt: „Unser Sohn hat Geld aus meiner Brieftasche genommen!"

Darauf die Mutter: „Woher willst du das denn wissen? Vielleicht war es ja ich!"

Der Vater schüttelt den Kopf: „Nein, ausgeschlossen. Es ist noch etwas übrig."

Sie: „Was war das denn für ein Knall?"

Er: „Meine Klamotten sind auf den Boden gefallen."

Sie: „Das war aber ganz schön laut!"

Er: „Ja. Habe nicht rechtzeitig geschafft, sie auszuziehen."

In Wien ist der Bauarbeiter Müller vom Gerüst gefallen und an seinen Verletzungen gestorben.

Der Boss jammert: „Einer von uns muss jetzt zu seiner Witwe gehen und ihr sagen, dass ihr Mann nicht mehr lebt."

Er beauftragt den Hilfsarbeiter damit, die traurige Botschaft zu überbringen. Nach einer Stunde kommt dieser mit zwei Kasten Bier zurück.

Der Boss: „Du Depp! Du solltest nicht zum Bier holen gehen, du solltest zur Witwe Müller gehen und ihr sagen, dass ihr Mann gestorben ist!"

Darauf erwidert der Hilfsarbeiter: „Ja, Boss, das habe ich auch gemacht. Ich habe geklingelt und sie hat aufgemacht."

„Und dann?", drängelt der Boss.

„Naja, ich habe gefragt: Sind Sie die Witze Müller? Sie hat Nein gesagt. Da sagte ich: Wetten wir um zwei Kasten Bier?"

Kind: „Papa, du hast Augenringe!"

Vater: „Nein, das sind Schatten großer Taten!"

Wie nennt man einen kleinwüchsigen Türsteher?

SICHERHEITSHALBER.

Ich habe vorhin bei einem DJ angerufen. Er hat direkt aufgelegt.

Sohn: „Papa, ich möchte meiner Freundin einen Heiratsantrag machen. Wo sollte ich es tun?"

Vater: „Am besten auf dem Ja-Markt."

Ein 17-jähriges Mädchen sagt zu ihrer Freundin: „Ich hätte auf meine Eltern hören sollen. Sie haben recht, als sie gesagt haben, ich solle nicht in den Nachtclub gehen. Ich würde dort Dinge sehen, die nicht für meine Augen bestimmt sind ..."

„Was hast du denn gesehen?", fragt die Freundin erschrocken.

Mädchen: „Meinen Opa ..."

Das Kind weint: „Papa, ich habe Angst vor Zombies!"

Papa: „Brauchst du gar nicht, mein Kind. Zombies sind nur Menschen mit Schminke."

Kind: „So wie Mama?"

Papa: „Ja, so wie Mama."

Was macht ein Schalker, wenn er Weltmeister wird?

DIE PLAYSTATION AUS.

Kind zu seinem Vater: „Papa, du bist so ernst! Du machst nie Witze."

Vater: „Ich hab dich gemacht ..."

Wie hat Lenin den Führungsrang erreicht?

ER STAHL IHN.

Kind: „Papa, woran glauben eigentlich die Zeugen Jehovas?"

Papa: „Daran, dass man ihnen die Tür öffnet."

Ein Trabi-Fahrer ist mit einer Panne auf dem Rastplatz liegen geblieben. Ein Ferrari-Fahrer erkennt seine Situation und bietet an, ihn zur nächsten Werkstatt abzuschleppen.

Sagt der Trabi-Fahrer: „Das wäre super! Wenn ich blinke, fährst du etwas langsamer. Und wenn ich hupe, hältst du an, okay?"

Der Ferrari-Fahrer stimmt zu und beginnt damit, den Trabi abzuschleppen.

Auf der Autobahn wird der Ferrari von einem Lamborghini mit 150 km/h überholt.

Das kann sich der Ferrari-Fahrer nicht gefallen lassen und er beschleunigt ebenfalls auf 150 km/h.

Beide erhöhen die Geschwindigkeit wieder und wieder, um das Rennen zu gewinnen, bis sie bei 260 km/h angelangt sind.

Da kommen die beiden Sportwagen mit dem Trabi im Schlepptau an einer Baustelle vorbei.

Der erste Bauarbeiter sagt: „Wow, der Lamborghini fährt ja locker 260 km/h!"

Daraufhin der zweite: „Ja, aber schau dir mal den Ferrari an! Der hält locker mit!"

Da sagt der dritte: „Das ist ja schön und gut, aber schaut euch mal den Trabi-Fahrer an! Der hupt und blinkt, aber keiner lässt ihn vorbei!"

Egal wie gut du fahren kannst, Züge fahren Güter.

Was hat ein Tornado mit einer Beziehung zu einer Frau gemeinsam?

BEIDES GEHT MIT BLASEN LOS, UND AM ENDE IST DAS HAUS WEG.

Sie: „Du siehst besser aus, wenn du keine Brille trägst."

Er: „Du siehst auch besser aus, wenn ich keine Brille trage."

Die Tochter überlegt laut: „Ich glaube, ich kaufe mir mal einen Schrittzähler."

Der Vater legt ihr Zettel und Stift hin.

Tochter: „Was ist das denn?"

Vater: „Bei dir reicht auch eine Strichliste."

Ich kenne einen Witz über die Deutsche Bahn, aber ich bin mir nicht so sicher, ob der ankommt.

Sohn: „Ich gehe morgen auf eine Kostümparty. Hast du eine gute Idee für ein Kostüm, Papa?"

Vater: „Verkleide dich als Toilette. Wenn du dann ein Mädchen abschleppst, kommt die Freundin gleich mit."

Welche Sprache spricht man in der Sauna?

SCHWITZERDEUTSCH.

Was hat 148 Zähne und hält ein Monster zurück?

MEIN REISSVERSCHLUSS ...

Inkompetenz und Inkontinenz sind fast das Gleiche: Es läuft einfach nicht wie geplant.

Wieso findet man in Kirchen nie Ameisen?

WEIL AMEISEN IN SEKTEN SIND.

Nennt man den Vorsitzenden von Amazon Prime eigentlich Prime Minister?

Der Sohn hat vor kurzem seine Ausbildung zum Elektriker abgeschlossen.

Sohn: „Papa, hör endlich auf mit diesen Elektriker-Witzen!"

Vater: „Watt?"

Sohn: „Nicht schon wieder!"

Vater: „Sorry, das Volt ich nicht."

Was hat ein Mann ohne Beine?

ERDNÜSSE.

Mann: „Meine Frau hat sich neulich bei einem Unfall beide Beine gebrochen."

Kollege: „Oh Gott, die Arme!"

Mann: „Nein, die Beine."

Forscher haben letztens herausgefunden, sind dann aber wieder reingegangen.

Was ist das traurige Schicksal eines Weberknechts?

ER MUSS IMMER GRILLEN.

Was ist Elektrizität?

AM MORGEN MIT HOCHSPANNUNG AUFSTEHEN, MIT WIDERSTAND ZUR ARBEIT GEHEN, DEN GANZEN TAG GEGEN DEN STROM SCHWIMMEN, GELADEN NACH HAUSE KOMMEN, AN DIE DOSE FASSEN UND DANN EINEN GEWISCHT ZU KRIEGEN.

Mit der Familie im Restaurant.

Sohn: „Ich würde heut gerne Wild essen."

Vater: „Auf keinen Fall! Wir essen nur gesittet!"

Über WhatsApp. Vater: „Hi Sohn, bringst du bitte Salza mit, wenn ihr später zum Grillen kommt?"

Sohn: „Meinst du Salsa?"

Vater: „Ja, war wohl ein Dip-Fehler."

Welches Essen schmeckt nach Metall?

EINTOPF.

Ein Milliardär, ein Sexist und ein Rassist gehen zusammen in eine Bar, um etwas zu trinken.

Als sie sich setzen, fragt der Barkeeper: „Was darf es denn sein, Mr. President?"

Ich wurde gestern von einem Smart angefahren.

Jetzt bin ich im Krankenhaus und besuche den Fahrer.

In welchem Gewässer sind kriegerische Handlungen verboten?

IM PAZIFISTISCHEN OZEAN.

Die Römer wollten eigentlich ganz Nordafrika erobern, hatten aber keine Mittel mehr.

Der Vater ist mit dem Baby zu Hause: „Na, komm schon, sprich endlich."

Baby: „Mama."

Vater: „Verdammte Scheiße, sag Papa!"

In dem Moment kommt die Mutter rein: „Hallo ihr Lieben, ich bin zu Hause!"

Baby: „Verdammte Scheiße!"

Mama: „Was? Wer hat dir das denn beigebracht!"

Baby: „Papa."

Die kleine Tochter sagt zum Vater: „Papi, bei mir liegt ein Monster unter dem Bett."

Darauf der Vater: „Mach dir keine Sorgen, mein Kind, du gewöhnst dich dran. Ich habe seit zehn Jahren eines im Bett."

Was essen Models, wenn es mal schnell gehen muss?

EIN LAUFSTEAK.

Vibrator, oder wie die Italiener es nennen: Amore mit Motore.

Sohn: „Vater, stimmt es, dass Männer in einigen Ländern ihre Frauen erst am Hochzeitstag kennenlernen?"

Vater: „Das stimmt in allen Ländern ..."

Jemand hat mich heute gefragt, ob ich für die Eröffnung eines neuen Schwimmbeckens in der Stadt spenden möchte.

Also habe ich ihm ein Glas Wasser gegeben.

Ein Mann sitzt in einer Kneipe und streichelt ein kleines weißes Pferd, das auf seinem Schoß sitzt.

Fragt ihn der Wirt: „Woher hast du denn das Mini-Pferd?"

Sagt der Mann: „Draußen vor deiner Kneipe sitzt eine Fee, die jedem einen Wunsch erfüllt."

Der Wirt geht vor die Tür und findet dort tatsächlich eine Fee.

Nachdem er seinen Wunsch erfüllt bekommen hat, kommt er zurück in die Kneipe. Unter den Armen trägt er zwei Melonen und um seine Beine herum stehen viele kleine Ferkel.

Empört sagt er: „Du hättest mir ja wohl sagen können, dass die Fee schwerhörig ist! Ich wollte zwei Millionen in kleinen Scheinchen, sind zwei Melonen und kleine Schweinchen!"

Sagt der Gast: „Ja was glaubst du denn? Dass ich mir einen 30 cm großen Schimmel gewünscht habe?"

Ich kenne einen Witz über Baustellen, aber ich arbeite noch dran.

Sohn kommt vom Wandern zurück.

Vater: „Warst du in den Bergen?"

Sohn: „Ja, das weißt du doch. Warum fragst du?"

Vater: „Du siehst so heruntergekommen aus."

Wenn ich zehn Bier vor mir habe, kann ich nicht widerstehen.

Wenn ich zehn Bier hinter mir habe, kann ich wieder nicht stehen.

Die Frau fragt ihren Mann: „Schatz, die Gäste sind bald da. Wie lange brauchst du noch, um den großen Esstisch aufzubauen?"

Er: „15 Minuten."

Sie: „Und wenn ich dir helfe?"

Er: „30 Minuten."

Wie war die Stimmung in der DDR?

SIE HIELT SICH IN GRENZEN …

Witze über Tofu finde ich geschmacklos.

Frau zu ihrem Mann: „Schatz, das Auto ist kaputt. Es hat Wasser im Vergaser."

Mann: „Wasser im Vergaser? Das ist doch Quatsch. Ich schau mir das mal an. Wo steht das Auto denn?"

Frau: „Im Pool."

Wie nennt man einen Hund, der Zaubertricks vorführen kann?

LABRACADABRADOR.

Was haben ein Rettungswagen und ein Pizzalieferant gemeinsam?

BEI DER ANKUNFT SOLLTE DIE LIEFERUNG NOCH WARM SEIN.

Welche Autofahrer sind besonders nett?

GEISTERFAHRER. DIE SIND BESONDERS ENTGEGENKOMMEND.

Im Dorf hat neulich eine kleine Ökobar eröffnet.

Zwei junge Buben gehen direkt hin, um zu sehen, was dort so serviert wird.

Sobald sie sich gesetzt haben, erscheint eine Kellnerin, um ihre Bestellung aufzunehmen.

„Zwei Gläser Milch, bitte", sagen die Buben.

Den beiden fällt vor lauter Stauen die Kinnlade herunter, als die Kellnerin ihre Bluse öffnet, zweimal kräftig drückt und somit ein Glas mit Milch befüllt.

Nachdem sie auch das zweite Glas gefüllt und sich freundlich den nächsten Gästen gewidmet hat, schauen sich die Jungs verwirrt an.

Sagt der eine: „Oh Mann, bin ich froh, dass wir keinen Pflaumensaft bestellt haben ..."

Warum hat der Bundestag eine Kuppel?

SCHON MAL EINEN ZIRKUS MIT FLACHDACH GESEHEN?

Wie heißt Oberschenkelbruch auf Chinesisch?

KNACKI KNACKI NAH BEI SACKI.

Sohn: „Oh Mann, meine Lehrerin hat mich dazu gezwungen, Mitglied des Schülerrats zu werden."

Vater: „Lieber Mitglied, als ohne Glied."

Kommt ein Igel in eine Konditorei: „Einmal Rumkugeln bitte.“

Antwortet die Verkäuferin: „Lieber nicht, wir haben grade erst gewischt.“

Die Tochter, welche als Eventmanagerin arbeitet, unterhält sich mit der Mutter: „Wir veranstalten in einem Nachtclub bald eine Strip-Show für Homosexuelle, aber wir suchen noch nach einem ausdrucksstarken Namen.“

Der Vater murmelt aus der Ecke: „Sackgaffen für Lackaffen.“

Hast du Tzaziki im Essen, kannst du das Flirten vergessen – der Satz des Pitagyros.

Egal wie dicht du bist – Goethe war Dichter.

Wie nennt man ausgehungerte Frösche?

MAGERQUAK.

Ein Taxi-Passagier möchte den Fahrer etwas fragen und tippt ihm deshalb auf die Schulter.

Der Fahrer schreit vor Schock laut auf, verliert kurz die Kontrolle über das Auto, verfehlt grade noch einen entgegenkommenden Bus, schlittert über den Gehsteig und kommt weniger Zentimeter vor einem Schaufenster zum Stehen.

Einige Sekunden sind alle vor Schreck still, dann schreit der Taxifahrer den Passagier an: „Machen Sie das bloß nie wieder! Sie haben mich fast zu Tode erschreckt!"

Der Passagier ist ganz erstaunt und entschuldigt sich verwirrt: „Ich hätte ja nie gedacht, dass Sie sich wegen eines Tippens auf die Schulter so sehr erschrecken würden!"

„Naja", sagt der Fahrer, nun deutlich ruhiger, „heute ist mein erster Tag als Taxifahrer. Die letzten 25 Jahre bin ich einen Leichenwagen gefahren."

Welches Meer kann man nie erst nehmen?

DEN KINDISCHEN OZEAN.

Die Familie sitzt im Restaurant und teilt sich ein scharfes Gericht.

Vater: „Das ist so scharf, das brennt gleich dreimal. Einmal beim Essen, einmal auf der Toilette und einmal in den Augen der Kanalarbeiter."

Früher musste man den Drachen töten, um die Jungfrau zu heiraten.

Heute gibt es keine Jungfrauen mehr, da muss man den Drachen heiraten.

Wie nennt man Tage, an denen man plant, eine Banane zu essen?

BANANENPLANTAGE.

Das Kind schlägt die Autotür fest zu.

Vater: „Das ist doch kein Panzer!"

Ein Vater kommt mit seiner Tochter in ein Spielwarengeschäft.

Sie wollen eine Barbie-Puppe kaufen.

Die Verkäuferin preist das Produkt an: „Hier hätten wir die ‚Barbie im Bikini' für 25 Euro, da die ‚Barbie im Ballkleid' für 25 Euro, hier die ‚Barbie im Sportoutfit' für 25 Euro, da die ‚Barbie im Schlafrock' für 25 Euro und letztlich hier die ‚Barbie geschieden' für 180 Euro".

Der Vater ist erstaunt: „Die ‚Barbie geschieden' sieht aber gar nicht so anders aus als alle anderen, wieso ist die denn so teuer?"

Darauf die Verkäuferin: „Nun ja, die geschiedene Barbie kommt im Set mit Kens Haus, Kens Rennpferd, Kens Boot, Kens Swimmingpool, Kens Flugzeug und noch vielem mehr!"

Treffen sich zwei Fische in einem Aquarium.

Sagt der eine zum anderen: „Weißt du, wie man dieses Teil fährt?"

Die Tochter empört beim Abendessen: „Wir sollten keine Tiere mehr essen! Denk doch mal an das Schwein, das ist so süß, bevor es in die Pfanne kommt!"

Vater: „Das stimmt. Ab dann ist es herzhaft."

Wenn sich ein Professor ein Brötchen schmiert, ist es dann wissenschaftlich belegt?

Ein Kind fragt seinen Vater: „Papa, warum hassen alle Frauen Spinnen so sehr?"

Der Vater antwortet: „Das ist purer Neid, mein Kind. Spinnen haben acht Beine – die können vier Paar Schuhe gleichzeitig tragen!"

If Apple made a car, would it have Windows?

Der Sohn schreibt seinem Vater eine SMS: „Hallo Papa, ich kann heute leider nicht zum Abendessen kommen. Ich liege mit Fieber im Bett."

Darauf antwortet der Vater: „Na, besser mit Fieber als mit Kupferkabel."

Die besten Wissenschaftler Österreichs wollen herausfinden, wohin das Licht verschwindet, wenn man es ausschaltet.

Sie gehen dazu in eine völlig abgedunkelte Wohnung.

Auf Drei schalten sie all das Licht aus und beginnen zu suchen.

Nach einer Weile beginnt einer, aufgeregt zu rufen: „I hobs gefunden! I hobs gefunden!"

Die anderen Wissenschaftler schreien: „Wo, wo, wo?"

„Im Kühlschrank woars!"

Ein Gärtner, ein Mathematiker und ein Zugfahrer haben je eine Pizza. Zu wem sollte man gehen, wenn man hungrig ist?

ZUM MATHEMATIKER, DER TEILT IMMER.

Sohn: „Papa, darf ich heute bei der Lisa übernachten?"

Vater: „Klar. Aber denk dran: Immer ein Kondom benutzen! Wenn sie mit dir schläft, dann schläft sie mit jedem!"

Männer frieren nicht. Sie zittern vor Wut darüber, dass es nicht noch kälter ist.

Als es noch die gute alte DDR gab:

Eine Politik-Lehrerin kommt in ihre Klasse und sagt: „Hört mal, Kinder! Nächste Woche kommt der Genosse Erich Honecker bei uns zu Besuch. Wer mag denn zu seiner Begrüßung ein Gedicht aufsagen?"

Der kleine Paul meldet sich: „Unsere Katze, die hat Junge, sechs an der Zahl. Fünf sind Kommunisten, eins ist neoliberal."

„Fein", sagt die Lehrerin, „das darfst du nächste Woche gerne vortragen."

Als der Genosse Honecker hereinkommt, tritt Paul vor: „Unsere Katze, die hat Junge, sechs an der Zahl. Fünf sind jetzt im Westen, eins ist nicht normal!"

Die Lehrerin läuft rot an: „Paul, das ging doch letzte Woche noch ganz anders!" „Ja, letzte Woche waren die Katzen ja auch noch blind."

Zu wem genau sprechen Männer eigentlich, wenn sie sich zum Heiratsantrag hinknien?

DAS GESICHT DER DAME IST IMMERHIN WEITER OBEN ...

Warum fliegen Störche jeden Winter in den Süden?

WEIL LAUFEN ZU LANGE DAUERN WÜRDE.

Die Meinung der Gletscher zum Klimawandel?

„WIR WERDEN SEEN."

Was hat jeder Kannibale in seiner Dusche?

HEAD AND SHOULDERS.

Die Lehrerin schreibt in das Heft des Schülers: „Liebe Eltern, Ihr Sohn schwatzt im Unterricht zu viel. Bitte unterschrieben zurückgeben."

Der Vater antwortet schriftlich: „Das wundert mich gar nicht. Sie sollten erst mal seine Mutter hören. Gez.: Maier."

Bei der Elternversammlung:

Lehrerin: „Sie sollten Ihre Kinder über Behinderungen aufklären. Wir haben jetzt einen Jungen im Rollstuhl in der Schule und leider werden über ihn ständig Witze gemacht."

Vater: „Das ist ja ein absolutes No-Go!"

Die Frau liest laut aus der Zeitung vor: „Bei einem Raubüberfall wurden 300 Glühbirnen gestohlen."

Sagt der Mann: „Da tappt die Polizei wohl im Dunkeln."

Was produzieren Kühe, die in Erdbebengebieten leben?

MILCHSHAKES.

Was macht ein arbeitsloser Schauspieler?

SPIELT KEINE ROLLE.

Ein junger Mann bringt seine Freundin spät abends nach dem Essen im Restaurant nach Hause. Als sie sich zum Abschied küssen, verspürt er plötzlich heiße Lust.

Leise sagt er zur Freundin: „Schatz, würdest du mir bitte einen blasen?"

„Nein!", sagt die Freundin. „Was, wenn uns jemand sieht?"

„Alle sind am Schlafen, wer würde uns denn schon sehen?", argumentiert der Mann.

In diesem Moment geht das Licht im Treppenhaus an, die Tür öffnet sich und die kleine Schwester steht verschlafen vor den beiden.

Müde sagt sie zu der Freundin: „Papa sagt, beeil dich und blas ihm endlich einen. Ansonsten schickt er Mama runter oder ich mach es, notfalls macht er es selbst. Aber sag deinem Freund endlich, er soll die Hand von der Freisprechanlage nehmen!"

Was machen Pilze auf einer Pizza?

ALS BELAG FUNGHIEREN.

Was ist ein Keks unter einem Baum?

EIN SCHATTIGES PLÄTZCHEN.

Familie Müller bekommt Besuch. Der Hund bellt laut, als der Besuch vor der Tür steht. Besuch: „Huch, der Hund bellt aber besonders laut!"

Herr Müller: „Ja, der ist ein Subwuffer."

Warum trinkt der Russe Wodka, der Schotte Whiskey, der Franzose Wein und der Deutsche Bier?

DAMIT SICH DIE EINZELNEN VÖLKER AN DER FAHNE ERKENNEN KÖNNEN.

Vater: „Wie nennt man nochmal diese Gebäude, die aus historischen Gründen geschützt sind?"

Sohn: „Denkmal."

Vater: „Mache ich ja, aber ich komm einfach nicht drauf!"

Habe grade ein Drehbuch gelesen. Jetzt ist mir schwindelig.

Was macht ein Clown im Büro?

FAXEN.

Was sagt ein Pirat, wenn er in einen Pferdestall kommt?

AAH – HEU!

Kellner in der Kneipe: „Wissen Sie schon, was Sie trinken möchten?"

Mann: „Ich hätte gerne einen Fußgänger, ääh nein, einen Läufer, nein stopp, einen Radler bitte!"

Was sind zwei Krankheiten, die man nicht gleichzeitig haben sollte?

ALZHEIMER UND DURCHFALL. DU RENNST, DU WEISST ABER NICHT WOHIN.

Mir wurde vorhin mein Fahrrad geklaut.

Jetzt bin ich echt Rad los.

Kind kommt aus der Schule nach Hause: „Mama, Papa, ich bin jetzt in der Schul-Band! Jan und Nina sind auch dabei."

Mutter: „Welche Instrumente spielt ihr denn?"

Kind: „Jan ist der Trommler, Nina ist die Sängerin und ich bin der ... ähm wie nennt man den, der die Rasseln spielt?"

Vater: „Du, mein Sohn, bist der Rassist."

Patient zum Arzt: „Ich brauche eine Krankschreibung."

Fragt der Arzt: „Was fehlt Ihnen denn?"

Patient: „Eine Krankschreibung."

Kind: „Papa, ich hab Hunger!"

Vater: „Leck Salz, Kind, dann bekommst du Durst."

Mit welcher deutschen Musiklegende sollte man niemals Streit anfangen?

JUDO LINDENBERG.

Der größte Feind des Menschen wohl, das ist und bleibt der Alkohol.

Doch in der Bibel steht geschrieben – du sollst auch deine Feinde lieben!

Die Frau lässt aus Versehen einen Joghurt fallen.

Mann: „Der war wohl nicht mehr haltbar."

Welches italienische Gericht war in der DDR im Winter sehr beliebt?

PIZZA KALT-ZONE.

Was wissen wir über Bill Gates Penis?

TIPP: ER VERRÄT ES DURCH DEN NAMEN SEINER FIRMA: MICROSOFT.

Tochter: „Papa, kannst du mir einen Schrittzähler kaufen?"

Vater: „Fang langsam an. Ich kaufe dir einen Bewegungsmelder."

Der Sohn fragt: „Papa, warum sind du und Mama beide weiß, aber ich hab so dunkle Haut?"

Vater: „Ach, das war eine bunt gemischte Orgie damals. Du solltest froh sein, dass du nicht bellst ..."

Wie nennt man einen Matrosen, der sich nicht wäscht?

MEERSCHWEINCHEN.

Als der Teenager fertig gestylt zum Ausgehen in die Küche kommt, ruft die Mutter empört: „Mit diesem Minirock werde ich dich nicht auf die Straße lassen!"

Teenager: „Ach Mama, wieso denn nicht? Schau doch, wie schön meine Beine darin aussehen!"

Mutter: „Kevin, dein Sack guckt unten raus!"

Was braucht ein Eichhörnchen, wenn es traurig ist?

EICHELEINHEITEN.

Kind: „Papa, was ist eine Telefonzelle?"

Papa: „Das ist so wie ein Handy, wo man sich reinstellen kann."

Manchmal schmeiße ich für meinen Hund einen Ball. Ist vielleicht etwas extravagant, aber er sieht so niedlich aus im Smoking ...

Welche deutsche Sportlegende hat nebenberuflich Pools verkauft?

FRANZ BECKENBAUER.

Sagt der Kunde zum Bauern: „Ich hätte gerne drei Eier."

Sagt der Bauer: „Ich auch."

Sohn: „Ich hätte so gerne einen Mitbewohner, aber ich kann niemanden finden, der dieses Jahr noch einziehen möchte."

Vater: „Dann kauf dir Handcreme. Die zieht sofort ein."

Sagt der Pessimist: „Schlimmer geht's nicht."

Sagt der Optimist: „Doch!"

Eine Polizistin hält einen Autofahrer an: „Haben Sie noch Restalkohol?"

Der Fahrer: „Sorry, habe alles ausgetrunken."

Wann erreicht ein Trabi seine Höchstgeschwindigkeit?

WENN ER ABGESCHLEPPT WIRD.

Wie nennt man alte Männer, die ständig heulen?

TRÄNENSÄCKE.

Ein Ehepaar sitzt an einem warmen Sommerabend gemeinsam im Garten.

Sie: „Hör mal, Schatz, die Grillen!"

Er: „Ich rieche nichts."

Ein Mann liegt im Krankenhaus in der Urologie.

Eine Schwester kommt mit einer Infusionsflasche ins Zimmer. „Mist, kein Ständer da", sagt sie.

Mann: „Genau deswegen bin ich ja hier!"

Was ist das Wichtigste bei einem Schweißausbruch?

DAS W.

Lehrer im Lehrerzimmer: „Ich habe gehört, die Ehe des Professors soll sehr unglücklich sein."

Kollege: „Das wundert mich überhaupt nicht. Er ist Mathematiker, und sie ist unberechenbar."

Warum wachsen auf dem Mond keine Blumen?

ZU WENIG ERDE.

Jemand ruft bei Meiers an. Die Tochter geht ans Telefon.

Der Anrufer fragt: „Hallo Lisa, ist dein Papa zu Hause?"

Klein-Lisa: „Nein, der Papa ist auf Reisen."

Anrufer: „Oh, wie schön! Ist es eine Erholungsreise?"

Klein-Lisa: „Nein, Mama ist auch mitgefahren."

Wie heißt BH auf Italienisch?

TITTI NI FERUCCI.

Beim Familientreffen:

Tante: „Wie geht es denn mit deinem Zucker, Ralf?"

Ralf: „Er zuckt noch."

Was sagt ein Hai, wenn er einen Surfer sieht?

„WOW, NETT SERVIERT DAS ESSEN, SO MIT FRÜHSTÜCKSBRETTCHEN!"

Sohn: „Papa, woher komme ich eigentlich?"

Vater: „Dich hat der Storch gebracht, mein Sohn."

Sohn: „PAPA! Du fickst aber auch alles ..."

Was spült Leonardo immer im Klo herunter?

DEN DAVINCI KOT.

Kind: „Papa, wie hieß die Schwiegermutter von Adam?"

Papa: „Adam hatte keine Schwiegermutter, mein Kind. Er lebte im Paradies."

Beim Abendessen fragt die Frau ihren Mann: „Schatzi, was würdest du tun, wenn ich sterben würde?"

Er antwortet: „Ich würde ganz schrecklich um dich trauern. Wieso fragst du so etwas?"

Sie: „Das ist aber lieb. Würdest du denn wieder heiraten wollen?"

Er: „Ich glaube nicht."

Sie: „Wieso denn? Bist du nicht gerne verheiratet?"

Er: „Doch natürlich. Aber es würde eine Weile dauern, bis ich wieder bereit dazu wäre. Vielleicht, falls ich jemanden Nettes kennenlerne, würde ich wieder heiraten."

Sie: „Würdest du mit ihr auch hier wohnen und in unserem Bett schlafen?"

Er: „Ja, ich denke schon."

Sie: „Würdest du mein Bild auf deinem Nachttisch durch ihres ersetzen?"

Er: „Nein, ich würde einfach beide Bilder aufstellen!"

Sie: „Würdest du mit ihr auch Golf spielen gehen?"

Er: „Bestimmt, wenn sie Lust dazu hat."

Sie: „Würdest du ihr auch meinen Schläger geben?"

Er: „Nein, das geht auf keinen Fall. Sie ist Linkshänderin."

Sie: „WAS!?"

Er: „Oh, Mist ..."

Was ist ein Metzger, der nur die Hinterteile von Tieren verwendet?

DER ENDVERBRAUCHER.

Neulich beim Essen: „Was haben unsere Eltern eigentlich früher gemacht, als es noch kein Internet gab?"

Meine 6 Brüder, 9 Schwestern und ich konnten einfach keine Antwort finden.

Kind: „Papa, was ist dein Sternzeichen?"

Vater: „Keinbock (01.01. - 31.12.)"

Ein Vater ist jemand, der ein Foto von seinem Kind dort im Portmonee stecken hat, wo eigentlich Geld sein sollte.

Kind: „Papa, was ist Benzin?"

Vater: „Das ist ein Getränk für Autos, damit die in Fahrt kommen."

Kind: „So wie Sekt für Mama?"

Vater: „Ja, so wie Sekt für Mama ..."

Wie lange müssen Schweine bei der Bundeswehr dienen?

NUR FÜR DIE GRUNZAUSBILDUNG.

Diese Reisetabletten bringen gar nichts. Ich habe schon zehn Stück genommen und bin immer noch nicht im Urlaub.

Ein Bauer ist pleite und braucht dringend Geld. Daher beschließt er, einen Puff zu eröffnen.

Schon nach kurzer Zeit steht der erste Kunde vor der Tür.

Nach seinem Besuch ist er sehr befriedigt und würde gerne wissen, wer das denn war, die da hinter der Tür stand.

Der Bauer antwortet, es sei seine Frau.

Der Kunde kommt am nächsten Tag wieder, ist erneut sehr befriedigt und würde gerne wissen, wer das denn heute war.

Darauf antwortet der Bauer diesmal, das sei seine Tochter gewesen.

Am nächsten Tag, nachdem der Kunde erneut befriedigt wurde, fragt er den Bauern hechelnd, ob er die Telefonnummer dieser wunderbaren Dame bekommen könne. Der Bauer nickt und gibt ihm die Nummer.

Zu Hause angelangt, ruft der Kunde direkt bei der Nummer an, um ein Treffen mit der begabten Dame auszumachen.

Nach kurzem Klingeln meldet sich freundlich Marianne – die Vertreterin für einen Hersteller von Melkmaschinen.

Ein Mann und seine Frau gehen gemeinsam Angeln.

Die Frau fragt: „Und, beißen die Fische?"

Mann: „Nein, die kannst du ruhig streicheln."

Das Kind fragt: „Papa, wo wohnt eigentlich der Erfinder von BurgerKing?"

Vater: „In Whoppertal ..."

Wenn man verliebt ist, bedeutet das, dass man seinen Partner liebt. Was bedeutet es dann, wenn man verknallt ist?

Sagt ein Kiffer zum anderen Kiffer: „Ich bin froh, dass wir keine Spanier sind."

Sagt der andere Kiffer: „Wieso?"

Sagt der erste: „Weil wir kein Spanisch können."

Fragt ein Engländer einen anderen: „Was ist das deutsche Wort für BH?"

Die Antwort des anderen: „Stoppemfromfloppen."

Wie nennt man eine Hexe, die in der Wüste wohnt?

SAND WITCH.

Beim Verlassen des Restaurants:

Kellner: „Die Tür schließt manuell."

Vater: „Danke, Manuel!"

Was sagen Schauspieler, wenn sie am nächsten Tag frei haben?

YEAH, MORGEN FREEMAN!

Ein Mann sitzt in der Sauna, als plötzlich eine Frau dazukommt.

Er bemerkt, dass die Frau einen gewaltigen Hintern hat und macht durch laute Kommentare darauf aufmerksam. Sie haut ihm eine runter und er sagt nichts mehr.

Sechs Wochen später ist er erneut in der Sauna. Sie kommt wieder herein.

Er denkt: „Nichts sagen, sonst gibt es wieder Ärger."

Dann sieht er, dass sie zwar einen dicken Hintern hat, aber dafür einen etwas klein geratenen Busen.

Er sagt zu ihr: „Ich kenne ein Mittel, um Busen wachsen zu lassen."

Sie wartet einige Minuten, dann wird sie neugierig und fragt: „Welches Mittel soll das sein?"

Er: „Sie nehmen mehrere Blätter Toilettenpapier und reiben damit mehrfach zwischen beide Brüste von oben nach unten und zurück."

Sie: „Und Sie glauben, dass das funktioniert?"

Er: „Ganz bestimmt. Der beste Beweis dafür, dass es klappt, ist doch Ihr Hintern!"

Eigentlich wollte ich dir einen Zeitreise-Witz erzählen, aber du mochtest ihn nicht.

Ich habe grade den Gummiring an unserem Wasserhahn ausgewechselt.

Es reimt sich zwar nicht, aber es dichtet.

Deutsch ist so eine schwere Sprache.

Am Tag ist es: Der Weizen – das Korn.

Am Abend ist es: Das Weizen – der Korn.

Kind: „Papa, bin ich adoptiert?"

Vater: „Nein, natürlich nicht. Ich hätte doch nicht dich gewählt."

Beim Frühstück unterhält sich ein Ehepaar.

Sie: „Schatz, ich hatte letzte Nacht einen richtig schönen Traum. Als ich zum Aldi gehen wollte, tauchte plötzlich eine hübsche Fee auf und gab mir einen Einkaufsgutschein im Wert von 350 Euro! Ich durfte kaufen, was ich will. Vier Einkaufswagen habe ich befüllt mit den feinsten Leckereien und auch den Dingen, die wir uns sonst nicht leisten können. So glücklich bin ich noch nie aus dem Supermarkt gekommen und du hast dich auch riesig gefreut!"

Er: „Wow, das ist ja toll! Ich hatte auch einen tollen Traum. Ich hatte richtig wilden Sex mit zwei wunderschönen Frauen!"

Sie: „Oh, war ich auch dabei?"

Er: „Neee, du warst ja beim Aldi ..."

In Zentral-Amerika gibt es zwar kaum gute Lackierer, dafür aber viele Guatemala.

Der Sohn möchte sich am Morgen eine Tasse Kaffee machen. Dazu wählt er die Tasse, die seine Freundin ihm zu Weihnachten geschenkt hat. Ihr Gesicht und eine liebe Botschaft sind darauf abgebildet.

Plötzlich stolpert er und lässt die Tasse fallen. Sie zerbricht in tausend Teile.

Sagt der Vater: „Mist, jetzt ist deine Freundin am Boden zerstört."

Meine Schwester hat jetzt eine Tochter.

Sie hat meinen Wunsch nach einem Neffen zur Nichte gemacht.

Informatiker schneiden Zwiebeln nicht.

Sie hacken sie.

Ein Junge und ein Mädchen sitzen gemeinsam im Park. Da sagt der Junge: „Wenn ich dir ein Küsschen geben darf, gebe ich dir ein Stück von meiner Schokolade."

Das Mädchen antwortet: „Okay."

Er gibt ihr ein Stück Schokolade und sagt dann: „Wenn ich dir einmal an die Brüste fassen darf, gebe ich dir noch ein Stück."

Das Mädchen sagt erneut: „Okay."

Nachdem er ihr an die Brüste gefasst hat, sagt der Junge: „Wenn ich dir an die Muschi greifen darf, gebe ich dir sogar zwei Stück Schokolade!"

Sagt das Mädchen: „Oh Mann, wenn das so weiter geht, bin ich zuckerkrank bis wir endlich zum Vögeln kommen!"

Schlusswort

Vielen Dank dafür, dass Sie dieses Buch gewählt haben.

Wir sind uns sicher, dass sie damit eine lange Zeit Freude haben werden, denn die Gründe zum Lachen und Spaß haben gehen einem nie aus.

Zu viele Witze gibt es nicht – je mehr, desto besser!

Lachen ist gesund und macht es einfach, den Alltag zu genießen. Würden wir nicht lachen, würden wir das Leben wohl kaum als lebenswert empfinden.

So ein richtig fieser Lachanfall, bei dem wir Geräusche machen, die kaum menschlich scheinen, die Tränen kullern und uns der Bauch weh tut, ist gut für Psyche und Körper. Aber auch ein kleines Schmunzeln verbessert sofort unsere Laune.

Mit diesem Buch haben Sie nicht nur ein optimales Werkzeug dazu gefunden, sondern auch eine wunderbare Möglichkeit, um die Familie näherzubringen, in der Hand.

Lesen Sie doch beim nächsten gemeinsamen Abendessen ein paar der besten schlechten Witze vor!

Lachen verbindet – und was ist schöner, als sich mit seinen Lieben verbunden zu fühlen?

Daher eignet sich das Buch auch perfekt als Geschenk,

um den persönlichen Held mit neuem Witze-Material und Inspiration zu versorgen und ihm mit dieser Geste – „Danke, Papa!" – zu sagen.

Er wird es zu schätzen wissen, dass seine Bemühungen für Spaß zu sorgen funktionieren und anerkannt werden.

Lassen Sie uns dieses Buch eine Hommage an alle Väter da draußen sein – weil das Leben ohne sie nur halb so heiter wäre.

Tragen Sie dazu bei, dass möglichst viele Menschen etwas zum Lachen haben, und verbreiten Sie somit gute Laune auf dem Planeten.

Wenn Ihnen das Buch und die Witze-Sammlung gefallen haben, würden wir uns sehr freuen, wenn Sie es an Ihre Freunde und Verwandte weiterempfehlen. Vielleicht haben Sie ja auch einen Kollegen bei der Arbeit, der sich die Dad Jokes einfach nicht verkneifen kann?

Auch über eine positive Rezension würden wir uns sehr freuen. Dadurch sehen andere, dass sie nicht die Einzigen sind, die den Vater-Humor lieben, und fühlen sich motiviert, ebenfalls ein wenig gute Laune zu erwerben.

Wir wissen Sie als Leser sehr zu schätzen und freuen uns schon aufs nächste Mal, wenn Sie ein anderes Buch aus unserer Kollektion entdecken.

Frohes Lachen und bis bald!

Liebe Leserin, lieber Leser,

hat Ihnen dieses Buch gefallen? Wir freuen uns über Ihre Verbesserungsvorschläge, Kritik und Fragen zum Buch.

Die Meinung und Zufriedenheit unserer Leserinnen und Leser ist uns sehr wichtig.

Kontaktieren Sie uns deshalb gerne und schreiben uns eine E-Mail an feedback@eulogiaverlag.de

Wir freuen uns auf Ihre Nachricht.

Herzlichst

Ihr Eulogia Verlags Team